JN044244

いつでも！・どこでも！ **ワンバーナーレシピ**

ⓖ 池田書店

はじめに

こんにちは！

この本を手にとっていただき、ありがとうございます。

皆さんは、いつもワンバーナーでどんな料理を作っていますか？

ワンバーナーといえば、登山ではもちろん、

キャンプやピクニックなどあらゆるシーンで活躍してくれる

「オールラウンダー」な調理器具ですよね。

でも、今までワンバーナーで作るごはんといえば、インスタントラーメンや

レトルトなどの簡単なものしか作っていないという方も多いのでは。

本書では、ソトレシピで活躍する5組のシェフたちが、

簡単で、美味しくて、しかも"映える"素敵なワンバーナーレシピを

紹介しています。特にこだわったのは、コンビニやスーパーで

誰でも買える商品を使ったアレンジレシピの数々です。

便利なワンバーナーだからこそ、少しアイデアを加えるだけで、

手間もかからずにワンランク上のアウトドア料理が楽しめるはずです。

初心者の方でも作りやすいレシピばかりになっていますので、

ぜひ試してみてください。

ソトレシピ代表　千秋広太郎

HAVE A DELICIOUS CAMP!

ソトレシピ

So To Recipe

ソトレシピは「HAVE A DELICIOUS CAMP!」をコンセプトに、料理やキャンプに精通するアウトドアシェフのキャンプレシピが見られるサイトです。紹介レシピのモットーは「簡単だけど見栄えする」こと。本格的な焚き火料理なども紹介していますが、誰でもチャレンジできるレシピであることを目指して制作しています。また、作りたいレシピは「買い出しリスト」にして保存できるなど機能も充実したサイトです。

撮影／平澤清司

CONTENTS 1

4章 — 野菜料理 —

5章 — デザート —

調理時間別

ワンバーナー
レシピ
46

CONTENTS
3
ONE BURNER
RECIPE

本書の使い方

レシピページの表記について

●材料は1～2人分を基本としていますが、各料理異なります。●大さじ1は15ml、小さじは1は5mlです。「少々」は好みで加減してください。●下ごしらえなどに使用する水の量は分量外です。●市販品はおすすめのものを紹介していますが、ない場合はほかのもので代用したり、アレンジを楽しんでください。

アイコンの説明	調理時間 (15) 食材カットの時間に余裕をもちましょう。	おつまみに お酒と相性抜群のおつまみレシピです。
鍋 深さのある山用クッカーなどを使用します。	家でも 自宅でも手軽に作れるレシピです。	あったまる 寒い野外で体を温めることができるレシピです。
フライパン アウトドア用のコンパクトなフライパンです。	山でも 水の使用の少ない登山向きのレシピです。	朝ごはん 特に朝に食べたい時短レシピです。
シェラカップ アウトドア用の食器ですが調理もできます。	災害時に 保存のきく食材で作る災害時向けレシピです。	がっつり系 ボリューム、食べ応えを求める人向けのレシピです。

序章

ワンバーナーの
基礎知識

料理をはじめる前に、
まずはワンバーナーの種類や
特徴について紹介します。
構造や燃料の違いを理解して、
自分に適したワンバーナーを
見つけましょう。

ワンバーナーの種類

ワンバーナーとは火口が1つの、シンプルなストーブのことです。ワンバーナーとはいっても、いろいろな種類がありますので、ここでは「機能性」「大きさ」「燃料」の違いによって、どのようなタイプがあるかを紹介します。

● 機能性

まずは、自分がどのような環境でワンバーナーを使うかを想定してみよう。キャンプで使うのか登山で使うのか、使う場所によって、機能性とサイズが変わってくる。目的に合ったものを選ぼう。

登山に
使う

キャンプで
使う

山で使うのであれば、コンパクトに収納できて、風に強いタイプを選びたい。安さに惑わされることなく、必ず機能性でバーナーを選ぶように。

キャンプで使うのであれば、しっかりとしていて、誰もが操作できるタイプがいい。収納スペースをシビアに考える必要がないので、使いやすさを重視しよう。

● 大きさ

使う人の人数や料理のボリュームによって、考え方は変わる。ソロで行動する人であれば、小さなバーナーで十分だが、グループや大人数で使うのであれば、大きな鍋ものせられる、大型バーナーが欲しくなる。

1人で
使う

グループで
利用

1人で使うのであれば、コンパクトなモデルがおすすめ。収納性にも優れたタイプを選べば持ち運びも楽々。使う鍋とゴトクのサイズを合わせるように選ぼう。

グループで利用するときは大きな鍋を使うことを想定して、ゴトクの大きなタイプ、鍋をのせても安定したバランスが取れるタイプを選ぶようにしよう。

● 燃料

バーナー選びで悩むのが、どのような燃料を使うのかということ。燃料は大きく分けると、ガス、液体、固形がある。各燃料の特性を理解して、自分にあった燃料を選ぼう。特に初心者には扱いやすいガスがおすすめだ。

ガス　もっとも扱いやすいのがガス燃料。家庭用コンロでも広く浸透しているなじみのある燃料だ。外気温で気化するので、特別な操作が必要なく、バーナーの構造もシンプル。ただ、気温の低いときに火力が低下する傾向がある。

液体　ガソリンや灯油は古くから利用されてきた液体燃料だ。持ち運びが容易で、火力が安定しているのが特徴。冬場でも高出力のパワーを得られるので、山岳用バーナーに使われてきた。デメリットは点火するまでに、いろいろな操作が必要なこと。

固形　アルコールなど燃焼性の材料を固形化した燃料。旅館の鍋料理に使われたり、ホテルのケータリングなどで、料理を温めるために使われることが多い。燃焼時間は短いが、手軽に使えるので便利。ただし、火力調整はできない。

序章　ワンバーナーの基礎知識

ガスにはCB缶とOD缶がある

扱いやすいガスだが、カートリッジの形状で2つの種類に分類される。おもに、CB缶（カセットボンベ）、OD缶（アウトドア用ガス）の2つ。それぞれに特徴があるので、ガス燃料器具を選ぶときなど、2つの種類があることを理解しておこう。

コンビニやスーパーなどでよく見かけるのがCB缶。国内で最も流通しているガス燃料といっていいだろう。

丸みを帯びた特徴的な形をしているのが、OD缶。アウトドアショップやホームセンターなどで取り扱っていることが多い。

※各カートリッジの詳しい特徴はP20参照

直結型ワンバーナー（ガス式）の特徴

ワンバーナーには直結型と分離型があります。直結型はガスカートリッジとバーナーが直結していて、小さくたためるのが特徴です。「荷物を軽量コンパクトにしたい」「狭い場所で調理する」という方におすすめです。

ゴトク

バーナーヘッド

混合管

小さくたためて
コンパクト！

ガス
カートリッジ

携行性と収納性に優れる

ガスカートリッジとバーナーヘッドが直結されたタイプが直結型ワンバーナーと呼ばれている。気化したガスと空気を混ぜる混合管がバーナーヘッドの支柱になっていて、ゴトクにかかる重みを1本で支えているのが特徴。ガスカートリッジにバーナー部分をねじ込み式で取り付けるタイプがほとんど。ガスカートリッジを置いておける場所さえ確保すれば、調理をスタートできるので、狭い場所での作業にも適している。シンプルな構造でパーツ点数が少ないことから、メンテナンスもしやすい。山岳バーナーではオーソドックスなスタイルだ。

直結型ワンバーナーのメリット

◯ コンパクトになる

ガスの通る管が短いので、比較的コンパクトになる。ゴトクを折りたためるタイプもあって、収納性を追求するユーザーから支持されている。つまみの形状、サイズも軽量化のために、いろいろなタイプが存在する。

◯ 液化ガスが出にくい＝安全

バーナーヘッドが直結されているため、ガスカートリッジは常に地面に対して、垂直を保っている。カートリッジの内部のガスも常に水平が保たれることから、ガスが液体の状態で噴出される危険な状態になりにくい。

デメリット

△ やや不安定

その構造上、どうしても高さが出てしまう直結型ワンバーナー。重心位置が上がるので、やや不安定になってしまう。テーブルを使わない場合は高さがメリットだが、調理ではひっくり返さないように注意が必要。

分離型ワンバーナー（ガス式）の特徴

分離型は直結型のバーナーより安定感があるので、大きな鍋などが使えるのが特徴です。「テーブルの上でしっかりと料理をしたい」という方におすすめです。

**安定しているから
調理もしやすい**

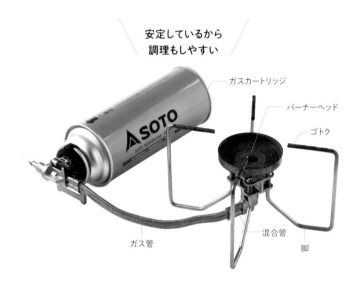

ガスカートリッジ

バーナーヘッド

ゴトク

ガス管

混合管

脚

ゴトクが大きく低重心

ガスカートリッジとバーナーヘッド部分が別々になっているのが分離型ワンバーナーだ。ゴトクがバーナーの脚となっていることが多く、重心が低いのでバーナー部分が安定しているのが特徴。ガスカートリッジとの接続には特殊なホースを採用していて、強度が高く、破断に強い素材が使われている。ガスカートリッジとバーナー部分が分離していることで、鍋をのせたままでも、安全を確認した上で、燃料の交換ができるのもメリットともいえるだろう。ゴトクの形状などもいろいろなタイプが展開されていて、大人数のグループなどで人気がある。

———— 分離型ワンバーナーのメリット ————

◯ 大鍋・鉄鍋も OK

背が低く、ゴトクが大きいので、大鍋や鉄鍋を使えるのがポイントだ。また、鍛造スキレットなど、重たく、熱を蓄える素材であっても利用可能。卓上で鍋料理をしても、料理が取りやすいなどの利便性も高い。

◯ 高出力モデルが多い

ガスカートリッジが、バーナーヘッドからの熱の影響を受けにくい構造なので、設計段階でガスの出力を上げやすいのが特徴。また、直結型よりも構造上機能的であることが多く、高出力モデルが多い。

———— デメリット ————

△ 大きくてかさばる

構造上、ガスを運ぶ管が必要で、収納がかさばってしまう。また、大鍋をのせるなどの特性を活かすために、大きなゴトクを採用しているモデルが多く、収納スペースを広く取ってしまうというデメリットがある。

ガスの種類と特徴

ワンバーナーのガスにもいくつか種類があります。まずは15ページでも紹介したガス缶について説明します。次に缶に入っているガスの種類。形状や火力の違いを見極めて、適材適所で使い分けましょう。

── ガス缶の種類 ──

CB缶（カセットボンベ）

入手しやすい

ガスカートリッジはその形状によって大きく2つに分けられる。家庭用のカセットガスとして、一般的に普及したのはCB缶と呼ばれるもの。ガス容量は250gが多く、それ以上大きな容量は存在しない。たくさん流通しているので、国内では最も入手しやすいガスカートリッジだ。

メリット	● どこでも入手しやすい
	● 収納しやすい
デメリット	● 大容量タイプがない
	● ハイパワータイプが少ない

OD缶（アウトドア用ガス）

安定した火力

CB缶に比べて、カートリッジの直径が大きい、海外では主流のOD缶。アウトドア用として発展した経緯から、約500gの大容量タイプやハイパワータイプ、極寒冷地用タイプなど、たくさんの種類が存在する。対応する直結型ワンバーナーの種類も多い。

メリット	● ハイパワータイプがある
	● 大容量のタイプがある
デメリット	● 専門店以外で入手しにくい
	● 収納しにくい

キャンプに！

ノーマルタイプ

カートリッジ式ガスには、ブタン、イソブタン、プロパンが一般的に使われている。それぞれ保管時は液体だが、気体になる沸点に違いがある。夏場に利用されるノーマルタイプには沸点 -0.5度のブタンが主として使われることが多く比較的安価。

山に！

ハイパワータイプ

沸点が-11.7度のイソブタンを主成分に使ったり、沸点が-42.09度のプロパンを主成分のブタンに混ぜて使うことが多い。気温の低い冬場でもしっかりと気化するように、ガスが配合されている。各メーカーによって異なり、どの温度域まで対応するか基準が違う。

高山でも！

極寒冷地用タイプ

主成分のブタンやイソブタンにプロパンの比率を高めに配合した特別モデルで、高山や厳冬期の使用に耐える極寒地モデルが存在する。プロパン配合が高く、過酷な環境下で利用される遠征隊などの備品として装備されることが多い。

序章　ワンバーナーの基礎知識

COLUMN

バーナーと同じメーカーのガス缶を選ぶ

ガス缶とバーナーはメーカーが異なっても接続できることがあるが、ガス漏れが発生する可能性もある。利用できたとしても、メーカーから機能性、安全性の面で使用が保障されているのは同じメーカーのガス缶だけだ。

ガス以外のワンバーナーの種類

扱いやすいガスのワンバーナーを紹介してきましたが、ガス以外の燃料を使ったバーナーもたくさんあります。それぞれに特徴があるので、その使い勝手を理解して、ガス以外のワンバーナーに挑戦してみてもいいでしょう。今回は各燃料の代表的なモデルの特徴を紹介します。

固形燃料

簡易的なゴトクの中に、アルコールなどを固形化した燃料を入れて使うバーナー。非常時の軍用ストーブとしても使用されていた。バーナーでの火力調整は難しいが、使う燃料の量を調整して、火力を調整できる。燃料に直接炎を近づけるだけで簡単に点火する。

アルコールバーナー

燃焼用アルコールを利用する。アルコールは薬局などで容易に入手できるのが特徴。液面に火を近づけると簡単に点火するが、風に弱く、炎を確認しにくいのが難点。また、低気温時は燃焼しにくくなるので、バーナー自体をためるオプション装備などがある。

ガソリン

不純物の少ないホワイトガソリンや車用のガソリンを利用する。燃焼性が高く、圧力をかけてから、霧状の燃料を噴出させて点火。最初は炎が大きくなることもあるが、バーナーヘッド部分があたたまると、火力が安定する。冬場でも高火力を得られるのが特徴。

灯油

古くから使われてきたのが、灯油を使ったバーナー。使う前にバーナーヘッド部分をしっかりと温める必要がある。燃料費が安価で、しっかりとした火力を得られる。高火力バーナーのなかでは、メンテナンスしやすいのも特徴。ススが出やすいので鍋が汚れることがある。

ネイチャーストーブ

フィールドに落ちている小枝や木の実などを燃料とするバーナー。燃料を現地調達するので、軽量化を求めるユーザーから支持されている。空気の流れがしっかりと確保されているため燃焼効率もよい。だが、慣れないと扱いづらいので「上級者向き」といえる。

COLUMN

アウドドア用カセットコンロタイプもおすすめ

扱いやすいカセットコンロタイプのバーナーもある。カセットコンロは一般的に室内で使うものだが、外でも使えるように、風に強い構造になっていたり、火力も高められ、本体内にガスカートリッジを温める機構が組み込まれたり、寒い時期でも利用できるようになっているのが特徴。初心者キャンパーにもおすすめできるワンバーナーといえる。

家庭用カセットコンロと同じ構造だが、風よけなどが装着されているのが特徴。

ワンバーナーに合う調理器具

ワンバーナーで調理するなら、アウトドア向けにつくられた調理器具「クッカー」が使いやすい。もちろん大きさが合えば通常の鍋やフライパンでも使えます。ここでは、ワンバーナーと相性のいいクッカーをピックアップしました。

バーナーの大きさに合わせた鍋

バーナーのゴトクのサイズに合わせて、鍋の大きさを選ぶ。ゴトクにのらなかったり、バーナーヘッドの炎より小さかったりすると、調理ができないだけではなく、非常に危険な状態になる。コンパクトなワンバーナーを使うなら、小さい鍋を選ぼう。

コンパクトなおたま、フライ返し

おたまやフライ返しにもサイズがある。コンパクトな鍋を使うのであれば、サイズに合わせて準備しておこう。あまり小さいと使い勝手が悪くなってしまうが、アウトドア用では折りたためるタイプもあるので、大きめでも収納に困ることも少ない。

深めのフライパン

深めのフライパンがあると便利。ワンバーナーらしく、炒めた食材をそのままスープにするなど、クッカーを変えることなく、そのまま調理を継続できるのもポイント。ちょっとした鍋料理であれば、深めのフライパンで対応できる。

フタができるクッカー

フタができるクッカーがあれば、レシピのバリエーションが増える。密閉されることで、お米を炊くことも簡単にできるのだ。コンパクトなクッカーにはフタが付いていないこともあるので、フタ付きクッカーを見つけたら、ひとつは手に入れておいてもいいだろう。

スキレット

鍛造アイアンで作られたスキレットもいろいろな料理に利用できる。スキレットのフタを準備すれば、蒸し料理も簡単にできてしまう。クッカー自体が蓄熱するので、火から下ろし、ワンバーナーでほかの料理をしていても食材が冷えにくい。ただし重いので携行性はない。

クッカーセット

キャンプ用のクッカーには複数の調理器具がすべて重ねられ、効率よく収納できる（スタッキング）セットがある。大鍋、中鍋、フライパンなどが、すべて大鍋の中に収まるように工夫されている。鍋ひとつのスペースで、キャンプでは複数の料理を作ることができてしまうのだ。

バーナーパッド

火加減の調整が難しかったり、ゴトクと鍋のサイズが合わないときなどに使えるバーナーパッド。炎を広げてくれるので、ピンポイントで鍋底を加熱するようなバーナーでも、熱が集中するのを防いでくれる。パッドから熱が出る（輻射熱）ので、ガスボンベの温度上昇に要注意。

ロースター

遠火での調理が簡単にできるロースター。魚を焼いたり、パンをトーストするときなどに便利だ。特殊な素材を使って、遠赤外線を発生させるタイプもある。ロースターがあれば、フライパンではできなかった、炙り調理も可能になる。こちらも輻射熱には十分に注意が必要。

あると便利な調理道具

ワンバーナーを使うとき、調理器具にプラスして、料理の効率を高める便利なアイテムがあります。効率性が求められる、ソロキャンプや山ごはんで活躍してくれることでしょう。そんな便利なアイテムたちを紹介します。

コンパクトな折りたたみテーブル

バーナーを安定させるために、コンパクトで収納サイズの小さな折りたたみテーブルがあると便利。屋外では地面が凸凹になっていることが多い。しっかりとテーブルをセットしてからその上にバーナーを置くことで、安全で快適な調理が楽しめる。

鍋敷き

調理の途中でほかのクッカーを使いたいとき、家庭のキッチンのように隣に移動することができないので、鍋敷きを用意しておくと便利。さっと熱いものがおける場所があると、調理にも余裕が生まれる。また、不安定な場所に鍋を置くこともないので安全。

料理途中の食材を入れるお皿など

料理をしていると、一時的に調理中の食材を別の場所に置いておきたいこともある。アウトドアではクッカーがひとつしかないなんて場面もあるため、食材を一時的に入れるバットや皿などを用意しておくと便利。もちろん盛り付け皿兼用だっていい。

保温容器

特に冬場の調理であれば、温かい食べ物を保管できる保温容器がほしい。例えば、先にスープを作ったのであれば、スープストックとして利用できるだろう。また、自宅で食材を温めた状態で屋外に持ち込んで再加熱すれば、調理の時間も短縮できる。

キッチンバサミ

野菜をカットしたり、肉を切るのにキッチンバサミが便利だ。加熱中のクッカーに、野菜をハサミでカットしながら、直接入れることも簡単にできてしまう。まな板や包丁を使わないことで、キッチンアイテムを少なくできるのもありがたい。

密閉式ビニール袋

上部を閉じられるビニール袋は、いろいろな使い方ができる。食材を運ぶのに利用したり、調味料と食材を混ぜ合わせたり、最後にはゴミを持ち帰る袋にしたり。密閉できることで、液体状の食品も扱える。使わないにしても備えておきたいアイテム。

クッカースタンド

ワンバーナーの上にのせるには大きすぎる鍋などを、しっかりと安定させるクッカースタンド。折りたたみタイプなど、コンパクトになるタイプも多く、脚も金属製であれば焚き火にも使える。鍋置きやテーブルに使ったり、使い方はいろいろと工夫できる。

カートリッジスタンド

OD缶のガスカートリッジの下部に取り付けて、バーナー全体を安定させるアイテム。ガスカートリッジの外側に脚が伸びる状態で、しっかりと地面に固定される。少し大きな鍋を使うときなどにもいいが、不意にバーナーを倒してしまうことも防いでくれるスタンドだ。

道具はスタッキング
できるとよい

重ねて収納!

スタッキングの利便性

　ワンバーナーで調理する際の最大のポイントは、シンプルでコンパクトに調理できること。せっかくコンパクトなバーナーを使っているのだから、クッカーもコンパクトなタイプを選びたい。そこで、利便性を考えてチョイスしたいのが、スタッキング（積み重ねておくこと）できるタイプだ。使わないときは重ね合わせて収納でき、多くのクッカーを同時に運ぶことができる。調理中に余分なクッカーをスタッキングしておけば、テーブルの上はきれいに使え、作業も向上するだろう。また、食材を一時ストックしておく場所としても利用できるので、用途も広いのだ。

スタッキングタイプのクッカーはこのように重ね合わせて収納されている。取っ手が取れる鍋やフライパンなど、いろいろなタイプがある。家庭用でもコンパクトな鍋セットなどが重宝されていることから、商品バリエーションも豊富になってきた。

セットを買わなくても、同じ種類のアイテムをそろえるだけで、スタッキングはしやすくなる。例えばシェラカップであれば同じ形状のものを使えば重ねて収納できる。カップなども同じモノをそろえるだけで、スッキリと収納できるだろう。

アウトドア用のクッカーでスッキリ収納

アウトドア用のクッカーには収納に特に工夫をこらした商品がたくさんある。スタッキングできるクッカーには折りたたみ式のおたまやフライ返しなどがセットになっているものも多い。これらのクッカーは取っ手が取り外せたり、収納できることで、きれいに重ねてしまえるのが特徴だ。また、熱に強いシリコン素材を採用した鍋は、側面などの立ち上がり部分を折りたためるので、収納性、携行性も高く、軽量化も実現している。シリコン素材の折りたたみ式でも底面は金属で火にかけられる鍋もあるのだ。

1章

肉料理

キャンプ料理の主役である肉。
牛でも豚でもチキンでも、
BBQでただ焼くだけでは
ちょっともったいない。
ワンバーナーでひと手間かけて、
もっとキャンプ料理を
楽しんでみよう。

ワンバーナーでできる簡単ソトレシピ

風森美絵

外で食べるごはんと焚き火を愛する画家、
アートディレクター。調理師で、プライベー
トで作っていた外ごはんが評判となり、外
ごはんスタイリストとして著書やプロダクト
プロデュース、雑誌やテレビなどさまざま
な媒体で活動中。

スパムとスパイスの
ジャーマンポテト

調理時間 **10** / 山でも / フライパン / おつまみに

ドイツではベーコンとポテトの炒め物が一般的ですが、このレシピは缶詰のスパムを使った手軽さが特徴。ポテトも冷凍食品を使用しているので、材料はいつでもストックしておけます。ボリュームもあり味つけもしっかりしているので、主食代わりにもおつまみにも◎。

材料（2人分）
スパム…1缶
フライドポテト（冷凍）
　…ひとつかみ60g
ハーブソルト…少々
クミンシード（パウダー可）
　…小さじ1
オリーブオイル…大さじ1
ドライパセリ（生パセリでも可）
　…お好みで

作り方

❶ スパムは2cm角に切り、フライドポテトは解凍しておく。

❷ フライパンにオリーブオイルを熱し、フライドポテトをこんがり焼く。

❸ スパムを入れて焼き色がついたらハーブソルト、クミンシードを入れて炒める。

クミンの香りで
本格的な
味になります。

Point 豚肉を使ったランチョンミートの缶詰、スパム。加工調理された食材で、加熱せずに食べられるので災害時の備えにもなります。

1章 肉料理

魚料理

ご飯＆麺

野菜料理

デザート

牛肉をバターで焼き上げるごちそうメニュー

牛ステーキの
ブロッコリー和え

調理時間
15

家でも

フライパン

がっつり系

材料（2人分）

牛ステーキ肉…100g
ブロッコリー（冷凍）…70g
玉ねぎ（みじん切り）…1/4個
塩こしょう…適量
バター…適量

A
  ┌ こしょう…適量
  │ バター…10g
  │ にんにくチューブ…2cm
  │ しょうゆ…大さじ1
  │ 赤ワイン…大さじ1
  └ 砂糖…小さじ1

作り方

❶ ステーキ肉を常温に戻して塩こしょうをし、ブロッコリーは解凍しておく。

❷ 熱したフライパンにバターを引いてステーキ肉を好みのかたさに焼いたら取り出し、食べやすい大きさに切る。

❸ 肉を取り出したフライパンで玉ねぎを炒め、Aを入れてとろみがつくまで煮詰めたらステーキ肉とブロッコリーに和える。

お肉は
ミディアムレアが
おすすめ。

ホロホロになるまで煮込むだけ

ほったらかしスペアリブ

調理時間 **45** 家でも
フライパン がっつり系

材料（2人分）

スペアリブ…200 〜 300g

サラダ油…小さじ2

A
- 酒…100ml
- みりん…50ml
- はちみつ…大さじ1
- にんにくチューブ…4cm

B
- しょうゆ…大さじ2
- ケチャップ…大さじ1

作り方

1 フライパンにサラダ油を引き、スペアリブの全面にしっかりと焼き色をつける。

2 Aを入れて落とし蓋（なければアルミホイルで）をして30分ほど煮込む。

3 柔らかくなったらBを入れ、水分を飛ばしながら煮詰めて絡めていく。

煮込む間は
ほったらかせるから
キャンプで
のんびり作れます。

イタリア定番の"悪魔風（ヤミツキ）"レシピ

ディアボラ風
チキンソテー

調理時間
20

家でも

フライパン

がっつり系

材料（2人分）

鶏もも肉…1枚
塩こしょう…適量
オリーブオイル…大さじ1
<ソース>
玉ねぎ（みじん切り）…1/4個
にんにく（みじん切り）…1片
パセリ（みじん切り）…ひとつかみ
しょうゆ…大さじ1
酒…大さじ1
みりん…大さじ1
水…大さじ1

作り方

1 鶏肉を均等の厚さになるように切り
込みを入れて塩こしょうする。

2 フライパンにオリーブオイルを熱し、
中火で鶏もも肉を上から押さえつけ
るようにして両面（皮目から）こんが
りと焼く。

3 そのままのフライパンで玉ねぎ、に
んにく、パセリをしんなりするまで炒
めたらしょうゆ、酒、みりん、水を足
してひと煮立ちさせる。2 にできた
ソースをかける。

フライパン
ローストビーフ

調理時間 30　家でも
フライパン　おつまみに

材料(2人分)

牛もも肉…200g
にんにくチューブ…1cm
塩こしょう…適量
サラダ油…小さじ1
<ソース>
赤ワイン…150ml
┌ しょうゆ…大さじ1
A 砂糖…大さじ1
└ バター…10g
クレソン…お好みで
玉ねぎスライス
　　…お好みで

> 中火で焼くことで
> 焼き過ぎを
> 防止できます。

作り方

❶ 常温に戻した牛肉ににんにく、塩こしょうをしっかりすり込み、熱したフライパンにサラダ油を引いて、中火でしっかり全面に焼き色をつける。

❷ フライパンから取り出してアルミホイルで二重に包み、その上からタオルで包んで20分置く。

❸ そのままのフライパンに赤ワインを入れ、ひと煮立ちさせてアルコールを飛ばしたら、Aの調味料を入れてとろみがつくまで煮詰める。

ジューシーな肉汁とホールトマトの旨味

豚肉のトマト煮込みパスタ

調理時間 **35**

あったまる

鍋

がっつり系

豚肉を焼いた肉汁を使って野菜を炒めることで、野菜の甘みとコクを凝縮させた絶品煮込み料理。パスタとの相性も抜群で、キャンプでも家でも主食として食べるのにおすすめ。ペンネのほか、太めのパスタのほうが食べ応えがあります。

材料（2人分）

豚バラ肉（ブロックも可）…100g
玉ねぎ（スライス）…1/4個
にんにく（みじん切り）…1片
トマト缶…1/2缶
水…トマト缶と同量
ハーブソルト…小さじ1
コンソメ顆粒…小さじ2
塩こしょう…適量
オリーブオイル…小さじ2
ショートパスタ…50g
パセリ…お好みで

作り方

1 ひと口大に切った豚肉に塩こしょうする。鍋にオリーブオイルを熱し、豚肉に焼き色をつけたら玉ねぎ、にんにくを加えて中火で炒める。

2 トマト缶、水、ハーブソルト、コンソメを入れて15分ほど煮る。

3 かために茹でておいたショートパスタを入れ、かき混ぜながら10分ほど煮詰める。

Point ホールトマトは安価だけどしっかりトマトの味が楽しめるし、果汁も入っているから煮込み料理に最適。肉、魚とも相性が◎。

適度な辛さでおつまみに最適

手羽元のピリ辛ケチャップ焼き

調理時間 **20** / 山でも / フライパン / おつまみに

バッファローウイングとも呼ばれる鶏肉料理をケチャップと豆板醤でアレンジしました。キャンプや山で楽しむなら密閉袋にすべての材料を混ぜ込んでおけば、現地では火を通すだけで手軽に調理できます。油や調味料が飛び散るのでクッカーは深めがベター。

材料（2人分）

手羽元…5本
塩こしょう…適量
サラダ油…小さじ1
┌ ケチャップ…大さじ2
│ めんつゆ…大さじ1
A 豆板醤…小さじ1
└ にんにくチューブ…2cm
ごま…お好みで
ブラックペッパー…お好みで

作り方

❶ 手羽元に切り込みを入れ、塩こしょうしてよく揉み込む。

❷ フライパンに油を引いて手羽元を中火で返しながらじっくり焼いて火を通す。

❸ ❷に混ぜ合わせたAを入れ、火にかけながら全体に絡ませる。

焦がさないよう中〜弱火でじっくり焼いて！

Point　中華料理を代表する調味料の豆板醤。チューブタイプは持ち運びにも便利。入れる量の加減で辛さを調整することができます。

オーブン要らずのローストポーク

豚かたまり肉の
ロースト

調理時間 30 家でも
フライパン がっつり系

材料(2人分)
豚肩ロースブロック…150g
塩こしょう(粗挽き)…適量
サラダ油…小さじ1
クレソン…お好みで
紫たまねぎ(スライス)
　…お好みで

作り方

① 常温に戻した豚肉に塩こしょうして
　よく揉み込む。

② 熱したフライパンにサラダ油を引き、
　中弱火で全面焼き色をつける(6面
　各1分ほど)。

③ 蓋(なければアルミホイル)をして
　弱火で10分ほど蒸し焼きにし、粗
　熱がとれるまでアルミホイルでふん
　わり包んで放置する。

スペインバル定番のオイル煮

チキンとポテトの
アヒージョ

調理時間 **20** 家でも
フライパン おつまみに

1章 肉料理

魚料理

ご飯＆麺

野菜料理

デザート

材料（2人分）

鶏もも肉…100g
じゃがいも（2cm角）…1個
にんにく（スライス）…2片
唐辛子…1本
オリーブオイル…100ml
塩こしょう…適量
ローズマリー…お好みで

作り方

1 鶏肉はひと口大に切って塩こしょうをまぶしておく。

2 フライパンにオリーブオイル、にんにく、唐辛子を入れて弱火にかけて香りを出す。

3 鶏肉、じゃがいもを入れてじゃがいもに火が通るまでじっくり煮る。

材料はすべてコンビニで入手可！

サラダチキンと
キャベツの卵とじ

調理時間 **10** 家でも
フライパン 山でも

材料（2人分）
サラダチキン（プレーン）
　…1個
千切りキャベツ…1袋
煮卵の汁（汁だけ）…1袋
卵…1個
鷹の爪…1本

作り方

1. サラダチキンをほぐしておく。

2. フライパンに千切りキャベツを敷き詰め、サラダチキンを散らしたら煮卵の汁（コンビニなどで売っている煮卵の汁だけ使う）でキャベツがしんなりするまで煮る。

3. 鷹の爪を刻んで散らし、溶いた卵を流し入れて好みのかたさになったらできあがり。温めたご飯にのせていただく。

あまった煮卵は2人でシェアして一緒に食べちゃう！

写真映えもする卵料理は朝食にも

豚バラとほうれん草の巣ごもり卵チーズ焼き

調理時間 15
家でも
フライパン
朝ごはん

材料(2人分)

豚バラ肉(薄切り)…50g
ほうれん草(冷凍でも可)
　…1/2束
塩こしょう…適量
バター…10g
ピザ用チーズ…30g
卵…1個
ブラックペッパー…適量
パセリ…お好みで

チーズを
炙るのは
お好みで!

作り方

❶ ほうれん草は4cmほど、豚肉はひと口大に切る。フライパンにバターを溶かして豚バラ肉を炒め、ほうれん草を入れて塩こしょうしてさっと炒める。

❷ 真ん中をくぼませて卵を落とし、周りにチーズを散らしてから蓋をして5分ほど蒸し焼きにする。

❸ チーズに焼き目をつけるなら、トーチバーナーなどでこんがりと炙る。ブラックペッパーをたっぷりかけてパセリを散らす。

野菜の歯応えがいい感じ

牛肉と野菜の グリーンカレー炒め

調理時間 **20**　家でも　フライパン　おつまみに

牛肉をエスニック風に仕上げた一品。カレーペーストで炒めた牛肉は風味がよくて食欲も倍増。ヤングコーンやピーマンのほか、スナップエンドウやアスパラガスなど、火が通りやすくて歯ごたえがよい野菜との相性が抜群。夏におすすめの一品です。

材料（2人分）

牛肉…50g
ピーマン…1個
ヤングコーン…4本
にんにく…1/2片
┌ グリーンカレーペースト
│　　…小さじ1
A ナンプラー…小さじ1
└ 砂糖…小さじ1
オリーブオイル…小さじ1
パクチー…お好みで

作り方

❶ 牛肉はひと口大、にんにくはみじん切り、ピーマンはタネをとって2cm幅に切っておく。Aは混ぜておく。

❷ フライパンにオリーブオイルとにんにくを熱し、香りがたったら牛肉を入れて炒める。

❸ ❷に野菜を入れ、軽く火が通ったらAを入れて炒め合わせる。味が薄い場合はナンプラーを少しずつ足す。お好きな量のパクチーを散らす。

Point　グリーンカレーペーストはどの肉とも相性がよく、少量を隠し味に使うこともできます。常温保存できるので持ち運びにも便利です。

1章　肉料理

魚料理

ご飯＆麺

野菜料理

デザート

アウトドアで使う調味料について

自宅キッチンと
兼用しよう!

味に変化をつけて料理を楽しむ

キャンプや山での料理は、味がシンプルになってしまう傾向がある。そこで、調味料はなるべく、いろいろな種類を持っていきたいものだ。しかし、外での料理ごとに調味料を調達するのはもったいない。前回の調味料も使い切っていないだろうし。そこで、自宅で利用している調味料と兼用することをおすすめしたい。味の定番となる、塩、こしょう以外に、ハーブ系万能スパイス、こんぶ茶、鶏ガラスープなどを追加すると、味のバリエーションが広がる。好みのスパイスを調味料専用ケースに入れて、自分だけのスタメン調味料を準備しておくのもいいだろう。

容器が2層に
分かれていることも!

たくさんの調味料を使いたいけど、持ち運びのスペースはセーブしたい人は、調味料ケースに移し替えるのがいい。料理する回数などに合わせて、小分けにできるので、残った調味料をしっかりと保管できるのもポイント。

小分けにされた調味料は、アウトドアで重宝される。1回の利用で使い切れるし、衛生的にも優れているからだ。しょうゆやだし、ジャムやはちみつなど、そして、調味料以外にも、鍋の素などが小分けタイプで販売されている。

コンビニ弁当の
調味料も使える!

アイデアで調味料に変化をつける

　調味料には要冷蔵のモノや低温では使えないモノがある。例えば、ドレッシングやバターなどは気温に品質が左右されてしまう。クーラーボックスなどがない環境では、なるべくこのような調味料は使わないほうがいいだろう。そこで、代用品となる調味料を考えるのだが、また、それも楽しい作業だ。ドレッシングであれば、オリーブオイルがあると汎用性が広がる。ハーブ系の調味料を混ぜたり、お酢を加えることで、簡単にドレッシングができる。また、パンに塗るバターがなければ、オリーブオイルと塩で代用できてしまう。このようにして、味の変化を楽しんでみよう。

column ② アウトドアで使う調味料について

2章

魚料理

外では扱いにくい魚も、
缶詰や冷凍食品を
使うことでキャンプにも適した
料理に早変わり。
旨味もしっかりあるので、
ワンバーナーひとつで
本格的な味が楽しめます。

"北陸スタイル"で楽しむ和食キャンプ

DAI
（@daican_camp）

Instagramで人気の福井県在住ファミリーキャンパー。子どものために、とはじめたキャンプに夫婦でどっぷりハマり、一年中楽しむように。北陸地域の食文化や食材を活かしながら、おしゃれで簡単でワクワクするようなソトレシピを実践中。

ポーション調味料で手軽鍋

ぶりの
豪快海鮮チゲ

少人数で鍋料理を楽しむには、ポーションやキューブタイプの調味料がお手軽です。家でももちろん便利ですが、キャンプでも余分な調味料を持ち込まなくてもいいですし、何よりゴミが少なくなります。材料を入れて煮込むだけとシンプルなので手軽に作れますよ。

材料(2人分)

ぶり切り身…2切
豆腐…300g
しめじ…1/4株
白菜…1〜2枚
白ねぎ…1本
ニラ…1〜2束
キムチ…50g
プチッと鍋(キムチ味)
　…2〜3個
水…150ml

作り方

1. 豆腐、しめじは食べやすい大きさに、白菜はざく切り、白ねぎは3cm、ニラは2cmに切ってフライパンに入れる。

2. フライパンに水とプチッと鍋を入れたら火にかけて煮込む。

3. 2にぶりをのせて火が通ったらキムチを添える。

大人数でも楽しめます!

Point　鍋のほかステーキ、ハンバーグ、うどんなどアレンジの種類が豊富なキューブ状の鍋つゆの素。自分なりに工夫してレシピを考えるのも楽しい。

53

海鮮茶碗蒸し

調理時間 20

シェラカップ×2

フライパン

あったまる

器になったりカップになったりとキャンプでは欠かせないシェラカップ（写真）。直接火にかけることもできるのでワンバーナー調理とも相性抜群。今回はフライパンとの組み合わせで調理しましたが、調理器具としても便利なので1個は持っていたいものです。

材料（2人分）

ベビーほたて…4個
えび…2尾
卵…2個
おでんの素…1/2袋
うどん…1/3袋
水…360ml
三つ葉…お好みで

作り方

1 ボールに溶き卵、水、おでんの素を入れて混ぜる。

2 シェラカップにうどん、ほたて、えびの順に入れ、**1**を流し込んだら、シェラカップが半分浸かるくらいのお湯を張ったフライパンにのせ、アルミホイルをかぶせて10分ほど蒸す。

3 茶碗蒸しの表面をスプーンなどで押し、透明のダシが出てきたら好みで三つ葉をのせる。

1のときザルでこすと卵液がなめらかに！

Point
名前は「おでんの素」でも用途は幅広く、うどん、茶漬け、煮物、鍋物などでだしをとるのにとても便利。なければ白だしやめんつゆでもOK。

55

ナンプラーの風味香る

しゃけのエスニック竜田揚げ

調理時間 15　おつまみに

フライパン　山でも

材料(2人分)

しゃけ…2切

A
- しょうゆ…大さじ1
- しょうがチューブ…2cm
- 酒…大さじ1
- ナンプラー…大さじ1

片栗粉…適量

サラダ油…適量

レタス…お好みで

レモン…お好みで

作り方

1 ビニール袋に一口大に切ったしゃけとAの調味料を入れてもみ込む。

2 1の袋の中に片栗粉を入れて全体にまぶす。

3 フライパンに1cmくらい油を入れて、表面がパリッとするまで揚げ焼きする。

2 の状態で持ち込めば、野外での揚げ物も簡単！揚げ焼きなら油の量も少量ですみます。

白ねぎとししゃもの南蛮漬け

調理時間
⑩
フライパン

家でも 🏠
おつまみに 🍺

肉料理

2章 魚料理

ご飯＆麺

材料(2人分)

- ししゃも…8匹ほど
- 玉ねぎ…1/8個
- にんじん…1/6個
- 白ねぎ…1本
- 小麦粉…適量
- 酢…大さじ3
- しょうゆ…大さじ3
- 酒…大さじ3
- サラダ油…適量

ねぎに焼き目を
つけると
写真映えします！

作り方

1 玉ねぎとにんじんを千切りにする。白ねぎは青い部分を落として、4～5cmの長さに切る。

2 フライパンに薄く油をひき、小麦粉をまぶしたししゃもを揚げ焼きして、一度取り出しておく。

3 フライパンに酢、しょうゆ、酒、玉ねぎ、にんじん、白ねぎを入れて加熱し、最後にししゃもを加える。ししゃもに汁がなじんだらできあがり。

野菜料理

デザート

味噌煮とマヨがベストマッチ

さばの味噌煮缶
ポテトサラダ

調理時間 おつまみに
15
鍋 災害時に

材料（2人分）

さばの味噌煮缶…1缶
じゃがいも…大2個
きゅうり（輪切り）…1/2本
ハム…2枚
酢…大さじ1
しょうがチューブ…2cmほど
マヨネーズ…大さじ5
塩こしょう…適量

> 缶詰は災害時の
> 強い味方！
> さば缶は料理の幅も
> 広いので
> ぜひ常備したい。

作り方

1. じゃがいもの皮をむき、4等分くらいに切ったら鍋に入れ、火にかけて竹串がスッと入るまで茹でる。

2. 茹でて汁を捨てて鍋の中で加熱しながら水気を飛ばしたら、粗く潰して酢を混ぜて冷ます。

3. 汁気を切ったさばの味噌煮、きゅうり、ハム、しょうが、マヨネーズを入れて混ぜ合わせて、塩こしょうで味を調える。

チーズディップでいただく

ガーリックバター
海鮮ホイル焼き

調理時間 **15**
家でも
フライパン
おつまみに

肉料理

2章 魚料理

ご飯＆麺

野菜料理

デザート

材料（2人分）

いか…4切

えび…3〜4尾

ベビーほたて…4〜5個

ブロッコリー…小3片

にんにく…2片

バター…20g

カマンベールチーズ
　…ホール1個

ブラックペッパー…少々

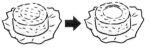

作り方

❶ アルミホイルを広げ、いか、えび、ほたて、ブロッコリー、にんにくを入れてバターをのせて包む。

❷ カマンベールチーズはディップできるように真ん中をくり抜き（イラスト参照）、アルミホイルで包む。

❸ ❶と❷をフライパンの上にのせて10分ほど蒸し焼きにしたらアルミホイルを皿になるように開き、溶けたカマンベールチーズの中央にブラックペッパーをかけて具材をディップしていただく。

さんまの柳川風

調理時間 **10**　山でも　フライパン　災害時に

缶詰と卵とすき焼きのタレがあれば作れるのでとっても簡単です。そのほかの野菜はお好みで選びましょう。さんまの蒲焼缶は災害時の備えにも最適。パックご飯とセットで買い置きしておけば、もしものときにも困りません。

材料（2人分）
さんまの蒲焼缶…1缶
ごぼうとにんじんの水煮
　…40g
卵…1個
すき焼きのタレ…大さじ3
万能ねぎ…お好みで

作り方

1 すき焼きのタレをフライパンに入れて火にかけ、ごぼうとにんじんの水煮を入れる。

2 沸騰したらさんまの蒲焼（汁は使わない）を入れて2分ほど煮込む。

3 溶き卵を回し入れ、半熟状に煮る。

ごぼうだけの
水煮でも
OKです。

Point 安くて美味しくて保存もきく、ひとり暮らしの強い味方であるさんまの蒲焼缶。さんま自体にもしっかり味がついています。

肉料理

2章　魚料理

ご飯&麺

野菜料理

デザート

61

秋冬キャンプで楽しみたい

かきの土手鍋

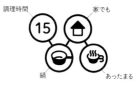

調理時間 15 / 家でも / 鍋 / あったまる

冬の味覚のかき。味噌とよく合い、体も温まるから寒いときのキャンプにぜひチャレンジしたいレシピ。かきにはしっかり火を通すのはもちろんのことですが、野外には冷凍で持ち込むほうがより安心できます。秋冬でも油断しないで!

材料(2人分)

かき…4〜5個
白菜…大1枚
水菜…1束
白ねぎ…1本
焼き豆腐…200g
味噌…80g
顆粒だし…小さじ2
水…400ml

作り方

1 鍋の縁に味噌を塗り、野菜と豆腐を食べやすい大きさに切って盛りつける。

2 ①に水と顆粒だしとかきを入れて火にかける。

3 具材に火が通ったら鍋の縁の味噌を溶かしながら食べる。

キャンプでは
かきの保存に
注意して!

Point コンビニやスーパーなどで売っている鍋用のカット野菜を使えば、野菜の端材などのゴミを大幅に減らせます。

肉料理

ご飯&麺

野菜料理

デザート

丸ごとトマトとオイル
サーディンのパスタ

調理時間 15 家でも 鍋 山でも

材料（2人分）
オイルサーディン缶…1缶
トマト…1個
パスタ…1束
水菜…2束
オリーブオイル…適量
ハーブソルト…適量

> 暑い日はパスタを
> 冷製に！
> その場合、パスタは
> 細めがおすすめ。

作り方

1 トマトを茹でて湯むきし、そのお湯でパスタを茹でる。水菜も同じお湯で、3cm幅に切ってさっと茹でる。

2 茹で上がったパスタを冷水に潜らせ、冷ましたらオイルサーディン缶（オイルごと使う）、水菜と混ぜてハーブソルトで味を調える。

3 真ん中に湯むきしたトマトをのせ、オリーブオイルをなじませたらトマトを崩しながらいただく。

丸ごといか焼きそば

調理時間 **15**

家でも

フライパン

がっつり系

材料（2人分）
いか…1杯
シーフードミックス…小1袋
焼きそば麺…2人前
焼きそばソース…2人前
青のり…適量
紅しょうが…お好みで

作り方

① いかは焼いて1cm幅に切っておく。

② 解凍したシーフードミックス（水気は切っておく）と、麺を炒め、ソースを絡めて焼きそばを作る。

③ ①のいかを入れ、ソースに絡ませてふたたび焼きそばの上に並べ、青のりを振りかけて紅しょうがを添える。

液体ソースがあれば、いかに追いソースしてもOK!

2章 魚料理

肉料理

ご飯&麺

野菜料理

デザート

アウトドアで
ゴミを減らす工夫

準備段階からスタートするゴミの軽減

　ゴミを減らす工夫は、料理をする前から始まっている。なるべく食材のロスを出さない、いらないパッケージを持ち込まない、コンパクトになる容器を使うなど、事前の準備が大切だ。まず、最初にできる簡単なことは、紙などのパッケージを少なくすること。例えば、小分けされている粉末スープなどは、外箱を捨てておく。カレーのルーなども、パッケージはすぐに要らなくなるので、事前に箱を捨てておいたほうがいいだろう。このように、パッケージを少なくするだけでも、大きな省スペース効果があって、ゴミの量も驚くほどに軽減できる。まずは、ゴミを持ち込まない心がけが大切。

コンビニのカット
野菜も活用できる!

食品のロスも、調理のゴミが多くを占める。野菜の皮や芯など、調理の途中で廃棄される部位がたくさんある。野菜炒めをするのであれば、キャベツを事前にカットして、芯の部分を取り除くという一手間で、ごみが軽減できる。

容器もゴミになりやすい。代表的なものはペットボトルだ。液体が入っている容器は、再利用できて、コンパクトに収納できるものを利用するのがいい。ソフト素材の水筒などもあるので、飲み物を移し替えて利用しよう。

匂い移りしない
タイプもある!

出てしまったゴミは圧縮して省スペース化

事前の準備をしていても、ゴミはどうしても出てしまう。そこで、出てしまったゴミを、どのようにコンパクトにするかが、最後の課題となる。ゴミをよく見てみると、パッケージや容器など、スペースの無駄があることに気づくだろう。まずは、箱などの空間をなくすように、しっかりと潰しておくことが大切だ。そして、カットした野菜などを入れてきた、密閉型の袋などを使って、ゴミを集め、しっかり閉じるのも効果がある。そのとき、中の空気を抜きながら袋を閉じれば、真空状態になって、さらにコンパクトになる。ゴミ袋を小分けにして、スタッキングしやすい形にするのもテクニックだ。

3章

ご飯＆麺

丼物、うどん、パスタなど、
ワンバーナーで完結する
主食レシピを紹介します。
キャンプではもちろん、
自宅で手軽に自炊するにも
おすすめのレシピです。

簡単＆定番！男のソトレシピ

パエリアン

ソトレシピ代表・千秋広太郎と元イタリアン
シェフ・藤井尭志によるキャンプ料理ユニッ
ト。キャンプ場での「ライブ感」と「業務用ス
ーパー」をこよなく愛す。2人ともキャンプのと
きに忘れ物が多いことから、その場にある食
材、道具、パッションで作るフリースタイルア
ウトドア料理が得意。

アウトドアでも手軽にできる！

サラダチキンのパエリア

調理時間 20
家でも
フライパン
山でも

コンビニでも手軽に入手できるサラダチキンで作るシンプルパエリア。あさりは缶詰でもいいですが、インスタント味噌汁の具材を使えばより手軽に作れます。材料は多めですが、登山のときにもおすすめ。野菜だけカットして密閉袋で持ち込みましょう。

材料（1人分）

米…1合
サラダチキン…1枚
玉ねぎ…1/4個
パプリカ（赤）…1/8個
パプリカ（黄）…1/8個
ミニトマト…2個
にんにく…1片
あさりの味噌汁の
　　レトルトあさり…1袋
水…160ml
パエリアシーズニング…1袋
オリーブオイル…適量
パセリ…適宜

味噌汁の
お味噌を入れると
コクが出るので
お試しあれ！

作り方

1 玉ねぎ、ミニトマト、パプリカは細かく切っておく。

2 フライパンにオリーブオイルを入れて、にんにく、玉ねぎを炒め、玉ねぎが透明になったら米を加え炒める。

3 **2**に水、パエリアシーズニング、サラダチキン、あさり、ミニトマト、パプリカを入れて煮立たせる。沸いたら弱火で15分炊く。

Point 本来パエリアはサフランを使いますが、高価で水で戻す手間もあるため、S&Bのシーズニングミックスを使うと簡単。スーパーなどで手に入ります。

コンビニのもつ煮込み カレーうどん

調理時間 **10**　家でも　鍋　あったまる

コンビニなどで手に入りやすくなったもつ煮込み。温めるだけのもつ煮込みを具材に使うので、食材を切ったりする必要のないお手軽なもつ煮込みうどん。キャンプなどで作りすぎたもつ煮込みのアレンジレシピにもカレーがおすすめです。

材料（1人分）
もつ煮込みパック…1袋
カレールー…2片
めんつゆ（2倍希釈）…30ml
うどん…1袋（200g）
水…250ml
ねぎ…適量

作り方

1 鍋に水、もつ煮込みを入れてひと煮立ちさせる。

2 煮立ったらカレールー、めんつゆを入れる。

3 うどんを入れて5分火にかけて、ねぎを散らす。

> うどんが焦げつきやすいので、うどんを入れてからの火加減に注意してください！

Point　2種類の味噌で味付けされたコクのあるファミリーマートのもつ煮込みを汁ごと使うのがおすすめ。具材の旨味が凝縮されています。

パスタソースを使った簡単リゾット

カルボナーラリゾット

調理時間 10

あったまる

鍋

朝ごはん

材料(1人分)

ご飯…150〜200g

パスタのカルボナーラソース
　…130g

ベーコン…30g

卵(黄身)…1個

パルメザンチーズ…適量

ブラックペッパー…適量

にんにくチューブ…1〜2cm

オリーブオイル…適量

作り方

❶ 鍋にオリーブオイルをひき、にんにくと角切りにしたベーコンを入れて炒める。

❷ ❶にカルボナーラソースを入れて強火にかけ、沸いたらご飯を入れて混ぜ合わせる。

❸ ブラックペッパーをかけて、中央に生卵の黄身をのせる。

コンビニで売っているパックの玄米ご飯だと、ヘルシーで美味しくできます。

チーズの香り漂う

明太子おにぎりリゾット

材料（1人分）
明太子おにぎり…1個
牛乳…200ml
とろけるチーズ…15g
パルメザンチーズ…適量
コンソメ…1/2個
パセリ…適量

作り方

❶ フライパンに牛乳とコンソメを入れて強火にかける。

❷ ❶に明太子おにぎりのご飯と明太子だけを入れてほぐす（海苔はとっておく）。

❸ とろけるチーズ、パルメザンチーズ、おにぎりの海苔を入れて混ぜ合わせ、パセリをかける。

小さめの
牛乳パックで量は
ぴったりなので、
登山にも
おすすめ。

3章　ご飯＆麺

肉料理

魚料理

野菜料理

デザート

麺がなければ米にしちゃう!

炊き込み
ラーメンライス

調理時間 25 家でも 鍋 山でも

材料(1人分)

米…半合

水…200ml

中華固形だし(味覇)
　…小さじ2

チャーシュー…3枚

メンマ…10g

煮卵(市販)…1個

ねぎ油…適量

刻みねぎ…適量

作り方

1 鍋に米、水、中華固形だし、ねぎ油を入れて炊く。

2 炊き上がったら混ぜ合わせ、チャーシュー、メンマ、煮卵、ねぎを盛りつける。

煮卵、メンマ、チャーシューのラーメン具材セットが持ち運びにも便利。

キャベツとアンチョビの ペペロンチーノ

調理時間 **10** 家でも

フライパン

材料（1人分）

パスタ…100g

ベーコン…30g

アンチョビフィレ缶…4切れ

キャベツ…1/10玉

にんにく…1片

唐辛子…2本

オリーブオイル…適量

作り方

1 密閉袋に水、パスタを入れて2時間（時間外）漬けておく。

2 フライパンにオリーブオイル、ベーコン、アンチョビ、キャベツ、にんにく、唐辛子を入れて炒める。

3 2に1のパスタを入れて軽く炒める。

Point　ほどよい塩加減とあっさりとしたオリーブオイルが絶妙なアンチョビフィレ。パンに残ったオイルをつけて食べても美味しいです。

肉料理

魚料理

3章 ご飯＆麺

野菜料理

デザート

さばとトマトの相性は抜群

さばの トマトソースパスタ

調理時間 **15** 家でも
フライパン 災害時に

パスタを茹でて、ソースを作ってと二段階に工程が分かれがちのパスタですが、こちらのレシピはフライパンひとつで完結できるのでおすすめ。ロングパスタで作る場合、フライパンのサイズに合わせて折って使いましょう。もちろんショートパスタでも作れます。

材料(1人分)
パスタ…100g
玉ねぎ(スライス)…1/4玉
パプリカ(スライス)…1/4個
にんにく(みじん切り)…1片
トマトペースト…150ml
さば缶…1缶
オリーブオイル…適量
水…150ml

作り方

1 フライパンにオリーブオイルを入れ、玉ねぎ、パプリカ、にんにくを炒める。

2 **1**にトマトペースト、水、さば缶を加えて煮立たせる。

3 沸騰したら半分に折ったパスタを入れて4分ほど茹でる。

Point 価格も手頃で入手しやすいさばの水煮缶は、汁ごと使うことでさばの旨味と栄養をたっぷり摂れます。オリーブオイル漬け缶もおすすめ。

79

コクのある辛口スープでご飯がすすむ

ユッケジャン クッパ

調理時間 15 / あったまる / 鍋 / がっつり系

キムチ鍋の素にキムチ、にんにく、ごま油などを加えることで、手軽に本格的な味を楽しむことができます。辛いのが苦手な人は卵や野菜を多めに入れましょう。カット野菜を持っていけば包丁がなくても作れるのもポイント。

材料（1人分）
ご飯…150〜200g
牛肉…50g
キムチ…75g
ニラ入りカット野菜…1/3袋
卵…1個
キムチ鍋の素…200g
にんにくチューブ…1〜2cm
ごま油…適量

作り方

1 鍋にキムチ鍋の素、キムチ、カット野菜、にんにくを入れて煮る。

2 煮えたら牛肉とご飯を入れて5分ほど煮込む。

3 ごま油をまわしかけ、卵を落として煮込む。

カット野菜がなかったら豆もやしも良コスパでおすすめです。

Point 味の調整の不要な個包装の鍋の素を使えば手軽に本格クッパが作れます。こなべっちのサイズがワンバーナーにぴったりで持ち運びやすくて便利。

東南アジアの庶民的定食をお手軽に

サラダチキン
カオマンガイ

調理時間 20　家でも　鍋　がっつり系

材料（1人分）

米…半合
サラダチキン…1枚
パクチー…適量
水…160ml
鶏がらスープ…適量
にんにくチューブ…1cm
しょうがチューブ…2cm
ナンプラー…10ml
レモン汁…適量
ごま油…5ml

> サラダチキンは
> プレーンか
> ゆずこしょう味が
> おすすめです。

作り方

① 鍋に水、米、しょうが（1cm分）、鶏がらスープ、食べやすい大きさにスライスしたサラダチキンを入れて煮立たせる。沸いたら弱火でさらに15分煮る。

② にんにく、しょうが（1cm分）、ナンプラー、レモン汁、ごま油でタレを作る。

③ 炊けたご飯とサラダチキンをそれぞれ皿に盛り、パクチーをのせ②のタレをかける。

うどんにも丼にも合う旨辛肉味噌

汁なし肉味噌
坦々うどん

調理時間 10
家でも
フライパン
山でも

材料(1人分)
うどん(袋麺)…1袋
合いびき肉…50g
麻婆豆腐の素…1袋
にんにくチューブ…1cm
ごま油…適量
すりごま…30g
万能ねぎ(みじん切り)…適量

ご飯にかけて
肉味噌丼にしても
美味しい!

作り方

1 フライパンにごま油を入れて、にんにく、ひき肉を炒める。

2 麻婆豆腐の素(ひき肉入りのものであれば、より手軽に作れる)、すりごまを入れて混ぜ合わせる。

3 うどんを水やお湯でほぐして水気をしっかり切って、2と混ぜ合わせて万能ねぎを散らす。

ホットでスパイシーなお粥

トムヤムクン粥

調理時間 **10** / 家でも / 鍋 / 朝ごはん

材料(1人分)

ご飯…150 〜 200g

トムヤムクンシーズニング
　…1袋

水…200ml

パクチー…適量

作り方

❶ 鍋に水、トムヤムクンシーズニング
を入れて煮立たせる。

❷ ❶にご飯を入れて煮立たせる。

❸ ❷にパクチーをのせる。

ご飯は
パックご飯でも、
コンビニの
おにぎりでもOK！

Point　トムヤンクンシーズニング（S&B）はアジア系香辛
料コーナーにあります。お好みでナンプラーを追加
すると、より本格的な味を楽しむことができます。

消化にもいいヘルシーさがうれしい

香港風中華粥

調理時間
20
家でも手軽に
シェラカップ
朝ごはん

材料（1人分）
米…半合
サラダチキン（ほぐし）…1袋
ザーサイ…20g
万能ねぎ…適量
中華固形だし（味覇）…適量
水…250ml
ラー油…お好みで

鍋底が
焦げやすいので
火加減に
注意しましょう。

作り方

❶ シェラカップに水、中華固形だしと米を入れて弱火で15分ほど煮込む（生米を使う際は、お米を30分吸水させて、30分ザルで水気を切ると、本格的なトロトロ中華粥ができる）。

❷ サラダチキンを入れて2〜3分煮込む。

❸ ザーサイを入れてねぎをのせ、好みでラー油をかける。

4章

野菜料理

ここでは野菜をメイン食材にした
ワンバーナーレシピを紹介します。
栄養を逃さず調理することで、
シンプルながら
美味しくてヘルシーな
メニューができあがります。

山好きフードスタイリスト

しらいしやすこ

企業広告や書籍、雑誌、CM、WEBなど
の撮影から家庭的なレシピまで、料理・レ
シピ制作およびスタイリングを手がける。
また、カフェのオーナーでもあり、新しいメ
ニュー作りや、お店で扱う器の発掘、ワー
クショップの企画なども行う。趣味は山登
りとパン作り。

野菜たっぷり リボリータ

調理時間 30 / あったまる / 鍋 / がっつり系

リボリータはイタリアの郷土料理。あまった野菜や豆に、固くなってしまったバゲットを加えてグツグツ煮込む家庭の味です。家庭によってサラっとしていたり、トロみがあったりと正解はさまざま。好みで調節してみてください。

材料（2人分）

玉ねぎ（1cm角）…1/6個
にんじん（1cm角）
　…1/4本
キャベツ（1cm角）
　…100g
トマト（ざく切り）…1個
白いんげん豆水煮
　…1/2パック（約200g）
にんにくチューブ…3cm
オリーブオイル…大さじ1
水…500ml
コンソメ（固形）…2個
塩…少々
粗びきブラックペッパー…少々
バゲット…50g

作り方

1 鍋にオリーブオイルとにんにくを熱し、玉ねぎ、にんじんを炒める。

2 **1**にキャベツ、トマト、いんげん豆、水、コンソメを入れて蓋をして20分ほど煮込む。

3 ちぎったバゲットを加えて塩、ブラックペッパーで味を調える。

スープをいっぱい含んだバゲットが美味しい！

Point 豆の水煮を使うと、小麦粉などを使わなくても自然ととろみが出ます。輸入食材ですがスーパーでも比較的入手しやすいです。

肉料理 / 魚料理 / ご飯＆麺 / 4章 野菜料理 / デザート

89

じゃがいものパンケーキ
じゃこポテト

材料（2人分）

じゃがいも…2個

A
ちりめんじゃこ…大さじ3
片栗粉…大さじ2
塩…少々
ピザ用チーズ…60g

オリーブオイル…大さじ2

粗びきブラックペッパー
…少々

じゃこは
しらすよりも
保存がきくので
山でも使えます。

作り方

① じゃがいもは皮をむいて千切りにする。

② ボウルに①とAを入れて混ぜる。

③ フライパンにオリーブオイルをひき、②を入れて弱火でじっくり焼く。ひっくり返して両面をこんがり焼く。ブラックペッパーをふってできあがり。

香辛料で野菜を炒めるインド料理"サブジ"

オクラのサブジ

調理時間 **10**　家でも　フライパン　おつまみに

材料（2人分）

オクラ…2パック（200g）

ミニトマト…5個

にんにく（みじん切り）…1片

玉ねぎ（うす切り）…1/4個

オリーブオイル…大さじ1

クミンシード（ホール）
　…小さじ1/2

カレーパウダー
　…小さじ1・1/2

塩…少々

> カレーパウダーを
> 使えば、たくさんの
> スパイスがなくても
> 味が決まります！

作り方

① オクラは塩（分量外）をまぶしてうぶ
毛をとって（口当たりが気にならな
いならとらなくてもOK）半分に切る。
ミニトマトも半分に切る。

② フライパンにオリーブオイルをひき、
にんにくと玉ねぎ、クミンシードを弱
火で炒め、香りが出てきたらオクラ
とミニトマトを加えて炒める。

③ カレーパウダーを加えて混ぜ、塩で
味を調える。

材料3つの簡単おつまみ

きのこの
クリームチーズ詰め

調理時間 **15** 家でも
フライパン おつまみに

材料(2人分)

マッシュルーム…8〜10個
クリームチーズ…50g
ハーブソルト…少々
ガラムマサラ(あれば)…少々

作り方

1. マッシュルームの石づきをとり、軸の部分を外す。外した軸は細かく刻む。

2. クリームチーズを練って柔らかくし、刻んだ1の軸を入れて混ぜる。

3. マッシュルームに2を詰めてフライパンで片面を焼き、ハーブソルトとガラムマサラをふる。

クリームチーズを
入れる前に、
ピザソースを
少しだけ入れても
GOOD!

フランスの夏野菜煮込み

簡単ラタトゥイユ

調理時間 30
家でも
鍋
あったまる

肉料理

魚料理

ご飯&麺

4章 野菜料理

デザート

材料（2人分）

ズッキーニ（輪切り）…1本
玉ねぎ（くし切り）…1/4個
パプリカ（乱切り）
　…小さめ1/2個
なす（輪切り）…1本
┌ トマト缶（カットタイプ）…1缶
A タイム…1枝
└ ハチミツ…小さじ2
オリーブオイル…大さじ1
にんにく…1片
塩…適量
粗びきブラックペッパー…適量

作り方

① 鍋にオリーブオイルと潰したにんにくを入れて熱し、香りが出てきたら野菜を炒める。

② 全体に油が回って少ししっとりしたらAを入れて弱火にし、蓋をして15分くらい煮る。

③ 塩とブラックペッパーで味を調え、オリーブオイル（分量外）をまわしかける。

タイムは
なくても
大丈夫です。

トマトの丸ごとグリル

調理時間　25　家でも
フライパンor網　おつまみに

材料(2人分)

トマト…2個

A
┌ 紫玉ねぎ…1/8個
│ にんにく…1片
│ アンチョビペースト…小さじ1
│ マヨネーズ…大さじ2
│ パン粉…大さじ3
└ 塩こしょう…少々

モッツァレラチーズ1/3個

普通の
玉ねぎでも
OKです。

作り方

❶ 玉ねぎとにんにくはみじん切りにする。トマトはヘタの部分を横に切り、スプーンなどで中身をくり抜いて器にする。

❷ ボウルに❶のトマトと中身とAを入れて混ぜ、再びトマトの器の中に入れる。

❸ スライスしたモッツァレラチーズをのせ、アルミホイルで包んで網の上で焼く（フライパンでもOK）。

なすのペースト
タルティーヌ

調理時間 25 家でも
フライパン おつまみに

材料（2人分）

なす…3本
アンチョビ…小さじ1
にんにく…1片
オリーブオイル
　…大さじ1・1/2
塩…少々
粗びきブラックペッパー…少々
ピンクペッパー…お好みで

パンにつけたり
チーズと一緒に
食べても美味しい。

作り方

1. なすは皮ごと黒くなるまでフライパンで焼き（油は不要）、皮をむいて荒く刻む。にんにくはみじん切りにする。

2. フライパンにオリーブオイルとにんにく、アンチョビを弱火で炒め、なすを加えてねっとりするまで炒める。

3. 塩で味を調え、粗びきブラックペッパーをふる。

肉料理

魚料理

ご飯&麺

4章　野菜料理

デザート

混ぜて焼くだけ

山芋の卵グラタン

調理時間 20
家でも
フライパン
朝ごはん

材料（2人分）

山芋…200g
万能ねぎ…2本
A ┌ ツナ缶…1缶
　│ 卵…1個
　│ めんつゆ…大さじ1
　└ ピザ用チーズ…60g
かつお節…1パック（3g）
サラダ油…小さじ2

山芋は粗めに
叩くことで
食感を楽しめます。

作り方

1 万能ねぎは小口切りにする。山芋は皮をむき、2重にしたビニール袋に入れてめん棒（瓶底など）で叩く。

2 ボウルに **1** とAを入れて混ぜる。

3 サラダ油をひいたフライパンに **2** を入れ、弱火でじっくりと両面焼く。万能ねぎとかつお節をふる。

満足感あり!

コンビーフと
お豆の煮込み

調理時間 30　家でも　鍋　おつまみに

肉料理

魚料理

ご飯&麺

4章　野菜料理

デザート

材料（2〜3人分）

赤いんげん豆水煮
　…1パック（380g）
にんにく（みじん切り）…1個
玉ねぎ（みじん切り）…1/2個
コンビーフ缶…2缶（160g）
グリーンオリーブ…6個
オリーブオイル…大さじ1
白ワイン…100ml
塩こしょう…適量

作り方

① 鍋にオリーブオイルとにんにくを入れ、香りが出てきたら玉ねぎとコンビーフをじっくり炒める。

② ①に白ワインを加えてアルコールを飛ばし、赤いんげん豆、グリーンオリーブを加えて15〜20分ほど弱火で煮る。

③ 塩こしょうで味を調える。

Point　赤いんげん豆は、弱火でゆっくり煮ると、甘みがじんわりと出て美味しくなります。ワンバーナーでも、ちゃんとした煮込み料理が作れますよ。

たっぷり野菜と塩辛のアヒージョ

調理時間 **20** 家でも

シェラカップ×2   おつまみに

材料（2人分）

ブロッコリー…1/2個

アスパラガス…4本

じゃがいも…1個

にんにく…2片

イカの塩辛…大さじ2

オリーブオイル…100ml

唐辛子…1本

塩…少々

粗びきブラックペッパー…適量

> 塩辛が
> アンチョビの
> 代わりになる！

作り方

① ブロッコリーは小さめの小房に分ける。アスパラガスは3〜4cmの斜め切り、じゃがいもは小さめのひと口大に切る。唐辛子は半分に切り、にんにくは潰す。

② シェラカップ2つに①を半量ずつ入れ、オリーブオイルを半量ずつ注ぐ。塩を軽く振り、塩辛をのせて弱火で煮る。途中混ぜる。

③ じゃがいもに火が通ったら、ブラックペッパーをふる。

キャベツを発酵させた伝統料理

簡単シュークルート風

調理時間 25
家でも
鍋
おつまみに

材料（2人分）

キャベツ（千切り）…300g
玉ねぎ（千切り）…100g
にんにく…1個
ウインナーソーセージ…2本
オリーブオイル…大さじ1

A
┌ 白ワイン…100ml
│ 白ワインビネガー（または酢）
│ …大さじ2
│ クミン（ホール）…小さじ1/2
│ 塩…小さじ1/2
└ ローリエ…1枚
粒マスタード…少々

コンビニの
キャベツ&玉ねぎ
サラダを使っても
できます！

作り方

❶ 鍋にオリーブオイルとスライスした
にんにくを入れて熱し、香りが出て
きたらキャベツと玉ねぎを炒める。

❷ ❶にAを入れてウインナーソーセー
ジをのせ、蓋をして弱火で10〜15
分ほど煮る。

❸ キャベツがくたくたになったら皿に
盛りつけ、粒マスタードを添える。

肉料理

魚料理

ご飯&麺

4章 野菜料理

デザート

99

マッシュポテトとチーズがとろける

のび～るアリゴ

調理時間 20

家でも

鍋

おつまみに

フランスの郷土料理であるアリゴ。よく混ぜ合わせることで非常に粘度が高くなり、肉料理のつけ合わせとして食べられています。蒸した野菜やバゲットとともに食べても美味しくいただけます。

材料（2～3人分）

マッシュポテトの素
　（フレークタイプ）… 40g

お湯…150ml

バター…10g

にんにく…1片

ピザ用チーズ…100g

牛乳…50ml

塩…少々

作り方

1 ボウルにお湯を入れ、マッシュポテトの素を加えて混ぜ、マッシュポテトを作る。にんにくはみじん切りにする。

2 鍋にバターとにんにくを入れて弱火で熱し、香りが出たら牛乳を加え、弱火のままチーズを加えて混ぜながら溶かす。

3 **2**に、**1**のマッシュポテトと塩を加え、中火にして全体が滑らかにまとまり、粘り気が出てくるまで混ぜる。

お湯の代わりに白ワインを使うと大人味に！

Point お湯と混ぜるだけでマッシュポテトが作れる材料が手軽。使用するメーカーによってお湯の量が若干異なるので、規定の量で調整しましょう。

肉料理

魚料理

ご飯&麺

4章　野菜料理

デザート

災害時に
役立つアイデア

いざというときに使える調理の基本

　ワンバーナークッキングは誰でもできる、簡単な調理方法といえるだろう。視点を変えてみると、災害時などの非常時にも役立つレシピがたくさんあるということ。本書のレシピのようないろいろな調理方法をマスターしておけば、いざというときに慌てることはない。キャンプで料理をしているときから、燃料消費をどう抑えたらいいか、洗い物を出さないようにどうすべきか、などを意識しておくことはとても大切な訓練になる。缶詰などの常温保存できる材料を中心に、水の消費が少なく、洗い物が少なくすむようなレシピを紹介しているので、ぜひ参考にしてほしい。

熱源がない場合は水で戻す調理が基本となる。パスタであればお湯を使うことなく、水だけで食べられる状態にすることができる。調理方法は、パスタを水に漬けておくだけ。約2時間後には、パスタが柔らかくなり、食べられる状態になっている。

**ソースをかければ
そのまま食べられる！**

災害時、熱源があればいろいろな調理が可能だ。特に重宝するのがお米を炊く方法。お米と水を耐熱の密閉袋に入れて、沸騰したお湯に入れるという方法がある。20分ぐらい沸騰したお湯に入れておいた後、取り出して10分蒸らせば、お米が炊ける。

**焚き火など火加減が
難しいときにおすすめ！**

災害用の食材を準備しておくのも◎

一般的な食材を使った災害時の調理方法も有効だが、災害用の食品＝非常食をそなえておくのもいいだろう。災害が起こらなくても、キャンプなどの食事に利用してもよい。普段のキャンプで非常食を活用していれば、いざというときに慌てることもない。昔からある代表的な非常食といえば、アルファ化米だろう。水やお湯で戻すことができるので便利だ。缶詰やレトルト食品とセットにしておけば、立派な食事が完成する。最近では、水で戻す「おにぎり」や「おもち」もあったり、便利で美味しいものが増えている。

5章

デザート

デザートが一品
あるかないかではキャンプの
楽しさが全然違います。
難しいことは不要。
粉物だって事前に
仕込んでおけば、
ワンバーナーひとつで
野外でも十分楽しめます。

お外ごはんユニット
"KIPPIS"のデザート担当

千葉かおり

たまごと粉物をこよなく愛するフードスタイリスト。お外ごはんユニット"KIPPIS"のメンバーで、主にデザートとパンを担当。手軽に作れる季節のデザートやドリンクのレシピを各種メディアで提案している。

バナナとあんこの チェー

調理時間 **10**
あったまる
シェラカップ
災害時に

ベトナムの伝統的なスイーツ「チェー」。いわゆるお汁粉のようなもので、あんこや栗など和の食材との相性も抜群。ココナッツミルクやゆであずき缶、バナナなど、常温保存が可能なもので作ることができるため、実は災害時の非常食としても活用できます。

材料(カップ2杯分)

バナナ…1本
タピオカ入り
　ココナッツミルク…2個
あんこ…40g
栗の甘露煮…3〜4個

作り方

1 バナナを輪切りにする。

2 シェラカップにすべての材料を入れて弱火で温める。バナナが少しトロリとしたら完成。

ナッツや黒豆、白玉を入れても美味しいです。

Point　ココナッツミルク入りで調理にも使いやすい「タピオカ入りココナッツミルク」(安曇野食品工房)は、コンビニやスーパーなどで手に入ります。

肉料理

魚料理

ご飯&麺

野菜料理

5章　デザート

バゲットをプリン液にひたす

いちごとブルーベリーの パンプディング

調理時間
20

家でも 🏠

フライパン＋蓋 🍳

朝ごはん ☀️

材料（2人分）

いちご…2～3個

ブルーベリー…5～6個

卵…1個

牛乳…100ml

砂糖…20g

バゲットスライス…8枚

バター…適量

作り方

1 ボウルに卵を割りほぐし、砂糖を加えて混ぜる。牛乳を加えてさらに混ぜる。

2 フライパンにバターを塗り、バゲットを並べて1のプリン液を流し入れ、半分に切ったいちごとブルーベリーをのせる。

3 蓋をして弱火で10～15分加熱する。プリン液が固まればできあがり。

加熱するときは
必ず
弱火にすること。

キャンプでクレープパーティー！

トッピングクレープ

調理時間 **20** / 朝ごはん / フライパン / 山でも

材料（2～3人分）
薄力粉…100g
牛乳…300ml
卵…1個
砂糖…大さじ1
塩…ひとつまみ
バター…10g
トッピング（フルーツ、
　ジャム、シロップ、
　はちみつなど）

> 生地を家で
> 仕込んでおけば
> 山でも食べられる。

作り方

1 ボウルに卵を割りほぐし、砂糖と塩を加えて混ぜ、牛乳を加えてさらに混ぜる。薄力粉を入れてダマがなくなるまで混ぜる。

2 フライパンにバターを入れ、溶けたバターを**1**のボウルに入れて混ぜる。

3 バターのついたままのフライパンを熱し、**2**の生地をお玉1杯分すくい入れ、フライパンを回して薄く広げる。生地のまわりがチリチリと焼けてきたら裏返し、10秒ほど焼く。フルーツやジャムなどをトッピングする。

湯煎ブラウニー

調理時間 30
家でも 🏠
鍋＋瓶 🍲
おつまみに 🍺

材料（2人分）

板チョコ…50g（割っておく）
バター…30g
卵…1個
牛乳…大さじ1
ホットケーキミックス…大さじ2
くるみ…2〜3個（砕いておく）
粉糖…お好みで

作り方

1 小さめのボウルに板チョコとバターを入れ、ボウルよりひと回り大きい鍋にお湯を張り、板チョコとバターを湯煎して溶かす。

2 別のボウルに卵を割りほぐし、牛乳を加え混ぜ、**1**を加えてさらに混ぜる。ホットケーキミックスを加え、なめらかになるまで混ぜる。

3 瓶の2/3くらいまで**2**の生地を入れ、くるみをのせてアルミホイルで蓋をする。鍋に半分くらいお湯を張り、瓶を10〜15分弱火にかける。余熱で10分置く。

ボウルは
密閉袋でもOK。
表面が
ぷくっとしたら
できあがり。

110

砂糖を使わず甘さ控えめ

豆腐で
ふわふわオムレット

調理時間 **15**　フライパン　家でも　朝ごはん

肉料理
魚料理
ご飯＆麺
野菜料理
5章　デザート

材料（3〜4人分）

豆腐（絹ごし）…100g
ホットケーキミックス…150g
牛乳…200ml
マスカルポーネチーズ…100g
いちご（4等分）、ブルーベリー
　などお好みで

①の工程は
密閉袋
でも行えます。

作り方

❶ ボウルに豆腐を入れて泡立て器で細かく潰し、牛乳を加えてよく混ぜ、ホットケーキミックスを加えてなめらかになるまで混ぜる。

❷ フライパンに油（分量外）を薄く塗り、❶の生地をお玉ですくって直径10cmくらいに流し入れ、弱火にかける。表面に泡が立ってきたら、裏返して30秒ほど焼く。

❸ 残りの7枚も同様に焼く。焼き終えたらふわりとラップをかけて粗熱をとる。生地が冷めたらマスカルポーネチーズとフルーツをはさむ。

スパイスと一緒に煮る大人のデザート

みかんのコンポート

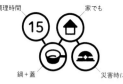

調理時間　15　家でも　鍋＋蓋　災害時に

材料（2〜3人分）
みかん…4個
砂糖…90g
ブランデー…大さじ1
シナモンスティック…1本
水…200ml

いちじく、りんご、
なしなどでも
美味しくできます。

作り方

1 みかんは皮をむき、白い筋もきれいにとりのぞく。

2 鍋に **1** と残りの材料をすべて入れて弱火にかける。蓋をして10分煮る。

3 蓋をしたまま冷ます。

春巻きのアップルパイ

調理時間 20 家でも
フライパン 朝ごはん

材料（4個分）

りんご（皮つき5mm角）
　…1/4個

バター（無塩）…10g

砂糖…大さじ1

春巻きの皮…2枚

水溶き小麦粉（水、小麦粉）
　…各小さじ1

A ┌ バター…10g
　└ きび砂糖…小さじ1

シナモンパウダー…少々

❶の代わりに
ジャムを使うと
より手軽になる。

作り方

❶ フライパンにりんご、バター、砂糖を入れて弱火にかけ、しんなりするまでソテーして粗熱をとる。

❷ 縦半分に切った春巻きの皮に❶の1/4の量をのせ、手前から巻いていく。両端をくるくると丸め、水溶き小麦粉でとめる。残り3つも同じように包む。

❸ フライパンにAを入れ、❷をきつね色になるまで焼く。仕上げにシナモンをふる。

肉料理

魚料理

ご飯＆麺

野菜料理

5章　デザート

お酒のおつまみにもなるスイーツ

栗とナッツの
タルティーヌ

調理時間 15
山でも
フライパン
災害時に

タルティーヌはフランスの"のっけパン"のこと。うすくスライスしたパンに、好きな具材をのっけて食べます。今回は、常温で保存しやすい材料を使って作った、おやつタルティーヌ。作り方はとってもシンプルなので、小さな子どもと一緒に作れます。

肉料理

魚料理

ご飯＆麺

野菜料理

5章 デザート

材料（5〜6個分）
甘栗…30g
ナッツ（くるみなどお好みで）
　　…20g
メイプルシロップ…大さじ1
バター（無塩）…15g
バゲットスライス…5〜6枚

フライパンにバターとメイプルシロップの液が少し残った場合は、それも一緒にバゲットにのせると美味しい。

作り方

❶ 甘栗とナッツは袋に入れてめん棒（薪やペグハンマー）などで叩いて細かくする。

❷ フライパンにメイプルシロップとバターを入れて弱火にかけ、フライパンを優しく揺すりながらなじませる。

❸ バターが溶けたら❶を入れ、混ぜる。熱いうちにバゲットにのせ、少し冷ましたらできあがり。

Point 甘栗やナッツ、バゲットは常温保存できて腹持ちがいいので、登山や災害時などさまざまなシーンで活躍します。

HAVE A DELICIOUS CAMP!

ソトレシピメンバーの 推しワンバーナー

この世に数多あるワンバーナー。
ここではソトレシピ所属のシェフたち愛用の
ワンバーナーを紹介します。

レギュレーターストーブ＆ウインドマスター（SOTO）

ご飯＆麺を担当してくれたキャンプ料理ユニット2人のワンバーナーは、どちらも
SOTOの定番商品。CB缶使用の「レギュレーターストーブ」は、点火ボタンの押し
にくさを解消するアシストレバー（別売）を装着して死角なし状態。大鍋料理はツ
ーバーナーや焚き火で、ライトなおつまみ系をレギュレーターストーブで調理して
いる。そして直結型は「ウインドマスター」。こちらも別売りの4本ゴトクにチェンジ
して調理しやすい仕様に。何より67gしかない軽量性が魅力。火力も強力で、登
山で疲れて早くご飯を食べたいときでもすぐに火が入るので便利。

スーパーマイクロメッシュ
バーナーIII（PRIMUS）

肉料理担当の風森さん愛用の一品。「小さくて軽いのでソロクッカーに忍ばせて手軽に外でご飯やお茶を楽しめます」。テント泊登山にも使用していて、雪みぞれが降るほど寒いテント場でも火力十分で、温かいおでんとフライパンで炙った魚肉ソーセージを楽しめた、頼れる相棒なのだとか。

DAI

ギガパワー プレートバーナー
（SNOW PEAK）

魚料理担当のDAIさんのおすすめは、SNOW PEAK独自の"液出しシステム"を採用した「ギガパワー プレートバーナー」。ガス缶が逆さに装着されることで、気温の変化に左右されることなく安定した火力を誇る。写真のようにテーブル固定もできるし、脚を開いて卓上で使うことも可能だ。

しらいしやすこ

ウルトラバーナー（PRIMUS）

山登り好きのしらいしさんのバーナーは、コンパクトな定番バーナー。火力も強く、煮込み料理も湯沸かしも早くできるのがお気に入りの理由。「網を置いてパンを焼いたり、缶詰カレーを温めて漬けて食べたりしています。火の当たる場所を調整しつつ、ホットサンドメーカーでホットサンドを焼けるのも楽しい！」

千葉かおり

レギュレーターストーブ（SOTO）

デザートの章を担当してくれた千葉さんは、大きめのフライパンをのせてもぐらつくことがない安定感の「レギュレーターストーブ」がお気に入り。野外調理のワークショップでは小さなお子さんも参加されるそうで「安定感のあるこのバーナーなら安心して使っていただけます」とのこと。

misato

キューブ（KOVEA）

素敵なライフスタイルが人気のインスタグラマーのmisatoさんの愛用はKOVEAの「キューブ」。コンパクトで収納に場所を取らないこと、そして何よりころんとした可愛い形がお気に入りとのことで、misatoさんのライフスタイルにぴったり。「側面をウッドにすることで一段とおしゃれになります」。

winpy-jijii

マイクロレギュレーターストーブ（SOTO）

YouTubeでも大人気のwinpy-jijiiさんはギアカスタマイズの神様。もちろんワンバーナーもカスタマイズ品で、脚はOD缶をCB缶に変換できるアダプター付きのKOVIC ADAPTERを使用。そこにOPTIMUSのウインドシールドを合わせる熟練の使い方。このセット、きれいに収納もできるという。

ホーム＆キャンプ
（SNOW PEAK）

SHINGO

スパイスマスターのSHINGOさんは、デザイン・携帯性・ゴトクの安定感で、屋内外で活躍する「ホーム＆キャンプ」推し。大人数のキャンプで、外径18cmの寸胴鍋で4ℓのカレーを作っても問題なかったとか。イベントでカレーを振る舞うことの多いSHINGOさんの強い味方だ。収納時のギミックもかっこいい。

寒川せつこ

ソロストーブ・タイタン
（SOLO STOVE）

北欧料理をアウトドア向けに提案する寒川さん。ソロストーブはバーナーとは違って、小枝などを燃料とするネイチャーストーブタイプ。使えるシーンはキャンプ場などの焚き火ができるシーンに限られるが、野外ならどこでも燃料調達が可能なので海外へのお供に。確かに海外ではガスを探すより確実!?

渡辺有祐

レギュレーターストーブ
FUSION（SOTO）

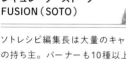

ソトレシピ編集長は大量のキャンプギアの持ち主。バーナーも10種以上所持しているというが、中でもイチオシなのがこの「FUSION」。CB缶使用の手軽さ、直結型のような軽量性、4本ゴトクで低重心と実に優秀。「大型クッカーも使用できるので、キャンプや料理撮影で大変重宝しています」。

5分

ガパオチキン
バジルチーズ煮

材：ガパオチキンバジル缶1缶、とろけるチーズ70g、ドライパセリ適量

1 ガパオチキン缶をシェラカップに移す。2 1を火にかけて少し水分を飛ばす。3 ガパオがくつくつしてきたらチーズを加える。チーズが溶けてきたらパセリを散らしてできあがり。好みでトーチバーナーなどでチーズを炙る。

5分

豚ねぎと水菜の
しゃぶしゃぶ

材：豚ばら肉100g、白ねぎ1/2本、水菜1株、しょうが1片、めんつゆ200ml、酒適量、唐辛子(輪切り)適量、水少々

1 ねぎとしょうがは薄切りにしておく。水菜は4cm程度に切っておく。2 クッカーに水とめんつゆを入れ、煮立ったら酒としょうが、唐辛子を加える。3 再び煮立ったら豚肉入れ、ねぎと水菜をさっとくぐらせて火を通す。

5分

豆腐ステーキ

材：木綿豆腐1丁、小麦粉適量、小ねぎ少々、油適量、しょうゆ大さじ1、みりん大さじ1

1 豆腐を6等分に切り、キッチンペーパーでしっかり水気を切る。2 豆腐全体に小麦粉をふりかける。3 フライパンに油をひいて、豆腐の両面に焼き色がつくまで焼く。しょうゆ、みりんをからませて刻んだねぎをふってできあがり。

5分

チキンラーメンの
トマト煮

材：チキンラーメン1袋、もやし100g、卵1個、カットトマト缶300g

1 カットトマトを鍋に入れ、チキンラーメンを加えて加熱する。2 くつくつと沸騰してきたら卵を割り入れ、もやしを入れて蓋をする。3 1分ほど経ったら蓋を開けて完成。

文字だけ

調理時間別

ワンバーナー
レシピ
46

5分

レタスとほたて缶煮

材：レタス1個、ほたて貝柱缶1缶、しょうゆ大さじ1、酒大さじ1、みりん大さじ1/2、しょうが1片、水50ml

1 鍋に水とほたて缶を汁ごと入れて熱する。2 くつくつしてきたら大きめにちぎったレタスを入れる。3 再び煮立ったら調味料を入れてさっと煮て器に盛り、刻んだしょうがを散らす。

5分 マヨバタウインナーコーン

材：スイートコーン缶1缶、ウインナー缶1缶、ガーリックバター適量、塩適量、粗びきブラックペッパー適量

1 フライパンにガーリックバターを熱し、コーンとソーセージを入れて炒める。2 塩で味を調え、ソーセージに焦げ目がついたら火を止める。3 ガーリックバターを適量のせて余熱で溶けてきたら、粗びきブラックペッパーをふる。

ここでは手軽なおつまみからごはん系まで、簡単に作れるワンバーナーレシピを紹介します。

クイック編とじっくり編があるよ！

5分 あんかけ焼きおにぎり

材：焼きおにぎり2個、中華丼の具1袋、ごま油適量

1 焼きおにぎりをひと口サイズに分ける。中華丼の具は湯煎して温める。2 フライパンにごま油をひき、焼きおにぎりの表面がカリカリになるまで弱火で焼く。3 2 に中華丼の具をかける。

5分 キャベラー炒め

材：キャベツ1/4玉、にんにくチューブ2〜3cm、ごま油大さじ1、塩こしょう少々、食べるラー油適量

1 キャベツを食べやすい大きさに切っておく。2 フライパンににんにくとごま油を熱し、香りが出てきたらキャベツを入れてサッと炒める。3 塩こしょうで味を調えたら皿に盛り、好みの量の食べるラー油をかける。

5分 缶詰マカロニグラタン

材：ツナ缶半分、マカロニ100g、玉ねぎ（みじん切り）1/4玉、牛乳100g、カップスープの素1袋、塩少々、とろけるチーズ適量、パセリ適量

1 玉ねぎ、牛乳、カップスープの素、塩をシェラカップに入れて混ぜながら火にかける。2 よく混ざったらマカロニを加え、ツナを加えて混ぜたらチーズをのせる。3 チーズが溶けてスープがぐつぐつとしたら、パセリをかける。

5分 スパムのはんぺんはさみ焼き

材：スパム2枚、はんぺん2枚、とろけるスライスチーズ2枚、油適量

1 はんぺんを横半分に切る。2 フライパンに油をひき、1 を両面がきつね色になるまで焼く。3 スパムとチーズを 2 のはんぺんではさむ。

5分

おろし豆腐ステーキ

材：木綿豆腐1丁、大根おろし40g、青ねぎ適量、しょうゆ・みりん各大さじ1

1 豆腐を板状に切って2枚にし、水気をしっかりと切る。**2** 温めたフライパンに豆腐を入れ、しょうゆ、みりんを加えて絡めながら両面を焼く。**3** 器に盛り、大根おろしをのせて青ねぎをふり、好みの量のしょうゆ（分量外）をかける。

5分

干しえびと
もやし豆苗炒め

材：干しえび50g、もやし120g、豆苗60g、にんにくチューブ1〜2cm、オイスターソース大さじ1、塩こしょう少々、油適量

1 フライパンに油をひき、にんにくを入れて火にかけてもやしを炒める。**2** 塩こしょうをふり、干しえびを加えたらオイスターソースを入れて混ぜながら炒める。**3** 豆苗を加えてさっと炒める。

5分

ペペロン枝豆

材：枝豆（冷凍）200g、鷹の爪1本、にんにくチューブ2cm、ハーブソルト適量、粗びきブラックペッパー適量、オリーブ油適量

1 枝豆を自然解凍しておく。フライパンにオリーブオイルをひき、にんにくと輪切りにした鷹の爪を入れる。**2** 香りが立ってきたら枝豆を入れて炒める。**3** 火を止めてオリーブオイルを少量まわしかけ、ハーブソルトと粗びきブラックペッパーをかける。

5分

サラダガーリックチキン

材：サラダチキン（プレーン）1切、こしょう 少々、にんにく1片、キャベツ1/4玉、オリーブオイル適量

1 サラダチキンにこしょうをなじませる。**2** フライパンにオリーブオイルをひき、にんにく（薄切り）を入れて炒める。カリっとしたらにんにくを取り出し、同じフライパンで **1** の両面をよく焼く。**3** キャベツも一緒に炒めて、しんなりしたら皿に盛り、にんにくをのせる。

5分

魚肉ソーセージの
チーズ焼き

材：魚肉ソーセージ1本、パプリカ1/2個、アスパラ2本、とろけるチーズ30g、サラダ油適量、塩こしょう適量

1 魚肉ソーセージと野菜を食べやすい大きさに切る。**2** フライパンに油をひき、**1** を炒める。**3** 焼き色がついてきたらとろけるチーズを加えて、塩こしょうで味を調える。チーズが溶けたら完成。

10分

ガーリックシュリンプ

材：むきえび8尾、しょうが・にんにく1片、刻みアーモンド適量、ドライパセリ適量、スイートチリソース少々、オリーブオイル適量、鷹の爪お好みで

❶ フライパンにオリーブオイルをひき、刻んだしょうがとにんにく、鷹の爪を入れる。**❷** 香りが出たらえびを加えて軽く焦げ目がつくまで火を通す。**❸** アーモンド、スイートチリソース、ドライパセリをかける。

10分 さんま缶で"う巻き"風

材：卵3個、酒・だし汁・砂糖各小さじ1、さんまの蒲焼缶1缶、油各適量

① 卵を溶きほぐしだし汁と調味料を混ぜ合わせる。フライパンに油をひき、卵液の1/3を流し入れ全体に広げる。② ① にさんまをのせて周りが半熟になったら手前へ卵を巻いて端に寄せる。③ もう一度油をひき、残りの卵液1/2を入れて巻く。残った卵液も同様にして巻く。

10分 アンチョビキャベツ

材：キャベツ1/4個、アンチョビ3枚、にんにく1片、オリーブオイル大さじ3、唐辛子（輪切り）少々、塩・ブラックペッパー各適量

① キャベツは手でちぎる。にんにくはみじん切りにする。② フライパンにオリーブオイルをひき、にんにくを炒めて香りが立ってきたらキャベツ、アンチョビを加える。③ 塩、ブラックペッパーで味を調えながら、キャベツがしんなりするまで炒める。唐辛子を散らす。

10分 スープ水餃子

材：冷凍餃子5個、ねぎ1/5本、水300ml、中華固形だし大さじ1、ごま油適量、ラー油お好みで

① ねぎを小口切りにし、冷凍餃子は自然解凍しておく。② 餃子とねぎ、水、中華だしを鍋に入れて、蓋をして中火で熱する。③ 7～8分ほど加熱したら、ごま油をふりかける。好みでラー油をかける。

10分 キャベツの卵のせ

材：キャベツ1/2玉、卵2個、油適量、塩こしょう適量、中濃ソース適量、マヨネーズ適量

① キャベツを千切りにし、卵を溶いておく。② フライパンに油をひき、キャベツがしんなりするまで炒める。塩こしょうで味を調え皿に盛る。③ 溶いた卵を薄焼きにし、皿に盛ったキャベツの上に包むようにのせ、ソースとマヨネーズをかける。

10分 豚肉とれんこんのきんぴら

材：豚ばら肉100g、れんこんスライス100g、唐辛子適量、炒りごま適量、しょうゆ大さじ2、みりん1、酒大さじ1

① 小皿に調味料を混ぜておく。② フライパンを中火で熱し、スライスした豚肉を炒めて油が出てきたら唐辛子、れんこんを入れて炒める。③ れんこんに火が通ったら①を入れ、強火で絡めるように炒めて、炒りごまをふる。

10分 えびとアボカドのアヒージョ

材：むきえび6～8尾、アボカド1/2個、にんにく2片、唐辛子（輪切り）適量、塩小さじ1/2、オリーブオイル適量

① アボカドは2cm角に、にんにくはみじん切りにする。② シェラカップにアボカド以外のすべての材料を入れて火にかける。③ 香りが出てふつふつとしてきたら、アボカドを入れて1分煮る。

10分 エスニック風あさりの酒蒸し

材：あさり（砂抜き済み）200g、パクチー1株、にんにく1片、酒40ml、ナンプラー小さじ2

① パクチーを2cmの長さに切る。② フライパンに潰したにんにくとあさり、酒を入れて蓋をして蒸し焼きにする。③ あさりが開いていたらナンプラーをまわしかけ、パクチーをのせる。

10分 キャベツとソーセージのトマト煮

材：キャベツ1/4玉、ソーセージ缶1缶、玉ねぎ1/2個、カットトマト缶300g、にんにく1片、オリーブオイル適量、水200ml、砂糖小さじ1/2、塩適量、顆粒コンソメ小さじ1

① キャベツ、玉ねぎは食べやすい大きさに切る。鍋にオリーブオイルをひき、潰したにんにくを入れて炒める。香りが出てきたらトマト、水、コンソメ、調味料を入れる。② ① にキャベツ、玉ねぎ、ソーセージを加えて蓋をして5分煮る。③ キャベツが柔らかくなったら全体を混ぜる。

10分 いろいろきのこアヒージョ

材：マッシュルーム4個、エリンギ1本、しいたけ2本、にんにく1片、ブラックペッパー適量、オリーブオイル適量

① きのこの石づきや軸を落とし、食べやすい大きさに切る。にんにくはみじん切りにする。② シェラカップに ① を並べてオリーブオイルで浸し、にんにくを散らして火にかける。③ ふつふつしてきたらブラックペッパーをふりかけて完成。

15分 豚白菜ミルフィーユ鍋

材：豚ばら肉150g、白菜1/4玉、和風だし（粉末）適量、水200ml、ポン酢適量

① ざく切りした白菜、豚肉の順に交互にフライパンに敷き詰めていく。② 和風だしを全体にかけて、水を入れて蓋をして火にかける。③ 水気がなくなってきたら火を止め、ポン酢をかける。

15分 シンプル酸辣湯

材：たけのこ水煮50g、しめじ15g、水300ml、中華だし大さじ1、ラー油適量、酢大さじ1、青ねぎ適量、水溶き片栗粉（片栗粉大さじ1：水20ml）、卵1個、塩こしょう適量

① たけのこを食べやすい大きさに切り、しめじをばらす。青ねぎは小口切りにする。② たけのことしめじ、水、中華だし、ラー油、酢を鍋に入れて火にかける。③ 煮立ったら水溶き片栗粉を入れてとろみをつけ、軽く溶いた卵を入れる。塩こしょうで味を調え、青ねぎをかける。

15分 ヘルシー豚巻き

材：豚肉（しゃぶしゃぶ用）10枚、長ねぎ1/3本、にんじん1/4本、れんこん40g、しょうがチューブ適量、ごま油適量、しょうゆ大さじ1、みりん大さじ1

① 長ねぎ、にんじん、れんこんを細切りにする。② ① を10個分に分けて、豚肉で巻く。巻き閉じる際にしょうがを1cm豚肉につける。③ フライパンにごま油をひき、② を転がしながら焼いて調味料と絡める。

簡単餃子ピザ

15分

材：餃子の皮6枚、ピザソース適量、オリーブオイル適量、玉ねぎスライス適量、ツナ缶1缶、コーン缶適量、ピザ用チーズ適量、パセリ適量

① フライパンにオリーブオイルをひき、餃子の皮を端が重なり1枚のピザ生地になるように敷く。② ピザソースを皮全体に塗り、具材をのせた上にチーズをふりかけて蓋をして10分火にかける。③ トーチバーナーがあれば表面を軽くあぶり、パセリをふる。

冷凍ピラフのシーフードリゾット風

15分

材：シーフードミックス（冷凍）1袋、えびピラフ（冷凍）1袋、オリーブオイル適量、トマトソース1パック、パセリ適量

① フライパンにオリーブオイルをひき、シーフードミックスを入れて軽く炒める。② えびピラフ、トマトソースを入れて混ぜ、蓋をして加熱する。③ 全体に火が通ったら火を止めてパセリをかける。

スパム肉じゃが

15分

材：スパム缶1/3缶、じゃがいも2個、にんじん1/2本、玉ねぎ1/2個、ごま油大さじ1、だし汁500ml、みりん適量、砂糖適量、しょうゆ適量

① スパム、じゃがいも、にんじんは食べやすい大きさに切る。玉ねぎはスライスする。② 鍋にごま油をひいて、スパム、じゃがいも、にんじん、玉ねぎを入れて炒める。③ ②にだし、みりん、砂糖を加えて最後にしょうゆをかける。

カマンベールとウインナーのアヒージョ

15分

材：カマンベールチーズ1個、ウインナー5本、ベーコン5枚、にんにく1片、オリーブオイル適量

① カマンベールチーズを食べやすい大きさに切る。② ウインナーにベーコンを巻き、にんにくはスライスする。③ シェラカップ（大）にオリーブオイルをひいてにんにくを炒める。香りが立ってきたら①と②のウインナーベーコンを入れて、浸る程度のオリーブオイルを加えて煮る。

スパムゴーヤチャンプルー

15分

材：スパム缶（拍子木切り）1/2、ゴーヤ（スライス）1/2本、卵1個、塩適量、しょうゆ適量、油適量、かつお節適量

① 卵を溶いてしょうゆを混ぜておく。② フライパンに油をひき、ゴーヤを炒め塩をふる。スパムを入れる。③ ゴーヤがしんなりしてきたらしょうゆを加えた溶き卵を入れてさっくり混ぜて火を止め、余熱で卵に火を通し、かつお節をふる。

関西風ラムすき焼き

15分

材：ラム肉150g、焼き豆腐1丁、長ねぎ（斜め切り）1/2本、しめじ1/2株、卵1個、砂糖・しょうゆ・サラダ油各適量

① フライパンに油をひいて、バラしたラム肉を1枚ずつ敷き詰めて片面焼く。② ひっくり返して肉全体に調味料をかける。③ そのままのフライパンに豆腐、野菜を入れて焼き、溶いた卵で食べる。

20分

いかワタの
バターしょうゆホイル焼き

材：いか1杯、バター10g、しょうゆ小さじ1、万能ねぎ2本

❶いかは身とワタとゲソに分けて、身は軟骨を抜き取り、ワタは1cm、ゲソは3cmに切る。❷いかの身の中に切ったワタとゲソを入れる。❸アルミホイルに❷のいかの身、バター、しょうゆを入れてホイルを閉じて、フライパンで10分ほど焼く。万能ねぎを刻んで散らす。

20分

豚肉と
たけのこの田舎煮

材：豚もも薄切り肉200g、たけのこ（水煮）1/2個、にんじん1/3本、だし汁400ml、酒大さじ2、はちみつ大さじ1、しょうゆ大さじ1、ごま油適量

❶豚肉は3cm幅に切る。たけのこ、にんじんは短冊切りにする。❷鍋にごま油をひき、豚肉を炒める。肉の色が変わってきたら、たけのこ、にんじんの順に炒める。❸全体に油が回ったら、だし汁を注ぐ。煮立ってきたらアクをすくい、調味料を加えて弱火で10分煮る。

20分

手羽先スープ

材：鶏手羽先4本、大根1/2本、青ねぎ適量、しょうがチューブ3cm、鶏がらスープ400ml、しょうゆ大さじ1、塩適量、ブラックペッパー適量

❶鍋に乱切りした大根、鶏がらスープ、しょうがを入れて茹でる。❷沸騰したら手羽先を入れ、大根が柔らかくなるまで煮る。❸しょうゆ、塩、ブラックペッパーで味を調え、最後に青ねぎをかける。

20分

おつまみとんぺい焼き

材：豚ばら肉150g、キャベツ（千切り）1/4玉、もやし1/2袋、卵3個、塩こしょう適量、サラダ油適量、ソース・マヨネーズ・青のり各お好みで

❶フライパンに油をひき、豚肉、キャベツ、もやしの順に入れて塩こしょうで味を調えながら炒める。❷全体がしんなりしたら具材を端に寄せ、空きスペースに油を再度ひき、溶いた卵を入れる。❸表面が半熟になったら具材を卵で包む。ソース、マヨネーズ、青のりをかける。

20分

こんにゃくキーマ

材：こんにゃく（みじん切り）1/2枚、合い挽き肉150g、玉ねぎ（みじん切り）1/2個、カレー粉大さじ1、にんにく・しょうがチューブ各2cm、顆粒コンソメ小さじ1、ケチャップ大さじ2、しょうゆ少々

❶こんにゃくをフライパンでぷりぷりになるまで炒める。❷挽き肉、玉ねぎ、にんにく、しょうが、カレー粉を混ぜて炒める。❸❷にコンソメ、ケチャップを加え、しょうゆで味を調える。

20分

手羽中のビール煮

材：手羽中10本、ビール200ml、しょうゆ大さじ2、にんにくチューブ1cm、塩少々、ブラックペッパー適量

❶鍋にすべての材料を入れて中火にかける。❷沸騰してきたらアクをとり、汁気がなくなるまで煮込む。❸汁気が飛んだた火を止めて、再度ブラックペッパーをたっぷりかける。

20分 豚肉と豆腐の煮物

材：豚こま切れ肉100g、木綿豆腐1/2丁、しらたき200g、しょうゆ大さじ2、酒大さじ1、みりん大さじ1、砂糖大さじ2

❶豚肉は食べやすい大きさに切る。木綿豆腐は水抜きをして手でちぎる。しらたきはアク抜きしてざく切りにする。❷鍋に調味料と豆腐、しらたきを入れて、沸騰したら弱火で10分煮込む。❸豚肉を加えたらアクをとりながら5分煮込む。

20分 サラダチキン炒めサラダ

材：ほぐしサラダチキン1袋、レタス2枚、キャベツ2枚、トマト1個、しょうゆ小さじ2、みりん小さじ1、ケチャップ・マヨネーズ・ソース各大さじ1、サラダ油適量

❶レタスは手でちぎり、キャベツは千切り、トマトは串切りにする。❷フライパンに油をひき、サラダチキンとしょうゆ、みりんを入れて弱火で煮詰める。❸レタス、キャベツ、トマトと一緒に❷を皿に盛り、ケチャップ、マヨネーズ、ソースを混ぜ合わせたものをかける。

30分 簡単ジューシー煮豚

材：豚ばらブロック肉200～300g、長ねぎ1/2本、酒30ml、砂糖30ml、しょうゆ60ml、サラダ油適量、水100ml

❶鍋に油をひいて豚肉の表面を軽く焦げ目がつくまで焼く。❷残りの材料をすべて入れ、蓋をして20分ほど煮る。❸煮汁が半分ほどになり、竹串などを肉に通してみて透明な肉汁が出ればできあがり。

30分 ビーフジャーキーポテサラ

材：ビーフジャーキー1枚、じゃがいも3個、マヨネーズ大さじ3、マスタード大さじ2、塩こしょう適量

❶じゃがいもは一口大に切る。ビーフジャーキーは5mm幅くらいに細かく切る。❷シェラカップ（大）に水（分量外）、じゃがいもを入れて中火で茹でる。❸❷が柔らかくなったらお湯を捨ててスプーンで潰し、調味料を入れて混ぜる。

30分 牛肉のやわらかバーボンステーキ

材：牛ステーキ肉200g、ハーブソルト適量、こしょう適量、バーボン1/4カップ、オリーブオイル適量

❶牛肉は適当なサイズに切って、ハーブソルト、こしょうを揉み込み、15分ほどバーボンに漬け込む。❷フライパンにオリーブオイルをひき、牛肉を強火で片面焼く。裏返したら弱火でじっくり火を通す。❸好みでハーブソルト、こしょう で味を調える。

30分 ほくほくハッセルバックポテト

材：じゃがいも2個、オリーブオイル適量、塩適量、ローズマリー適量

❶じゃがいもの端から幅2mmごとに切り込みを入れ、下がつながった状態になるように切る。❷アルミホイルにじゃがいもを切り込みを上にしてのせ、オリーブオイルと塩をかけてローズマリーをのせてホイルを閉じる。❸❷を中火で20～30分フライパンで焼く。

監修者

ソトレシピ

（ https://sotorecipe.com/ ）

「 HAVE A DELICIOUS CAMP! 」をコンセプトに、料理やキャンプに精通するアウトドアシェフのキャンプレシピが見られるサイト。紹介するレシピのモットーは「簡単だけど見栄えする」こと。本格的なダッチオーブン料理や焚き火料理などはもちろん、誰でもチャレンジできる手軽なレシピを多数掲載する。監修書に『最強のアウトドア料理』（宝島社）。

撮影	三輪友紀（スタジオダンク）
イラスト	岡本倫幸
デザイン	尾崎行欧、宮岡瑞樹、
	宗藤朱音、安井彩（尾崎行欧デザイン事務所）
DTP	スタジオダンク
撮影協力	花の森オートキャンピア
校正	聚珍社
執筆協力	渡辺圭史
編集協力	渡辺有祐、髙橋 敦（フィグインク）

いつでも！どこでも！

ワンバーナーレシピ

監修者	ソトレシピ
発行者	池田士文
印刷所	凸版印刷株式会社
製本所	凸版印刷株式会社
発行所	株式会社池田書店
	〒162-0851 東京都新宿区弁天町43番地
	電話03-3267-6821（代）／振替00120-9-60072

落丁・乱丁はおとりかえいたします。
©Soto Recipe 2020, Printed in Japan
ISBN978-4-262-16262-1

20011008